茶室に学ぶ
日本建築の粋

日向 進［著］

淡交社

はじめに

室町時代は日本の住宅建築の展開にとって重要な意味をもつ時代でした。会衆が寄り合い、親密な時間、空間をともにした文芸や遊芸の場の構成や意匠が整えられ、「座敷」という典型的な和風の生活空間が成立するのです。主客同座という原理によって成立する侘び茶の空間＝茶室は、このような空間のなかに胎胚し、洗練されていきました。

本書は、茶座敷から茶室へと展開していく変遷を追いつつ、床の間や窓を中心に、茶室のさまざまな構成や意匠について案内しようとするものです。

著　者

茶室に学ぶ　目次

まえがき
第一章　すまいから茶室へ――7
すまいの源流　8
箱木千年家　18
会所から茶座敷へ　24
東求堂同仁斎　28
茶屋　32
第二章　茶室と床の間――37
床の間――上段　38
台目床――不審菴／又隠　42
室床――待庵／澱看席　46
原叟床・桝床――清香軒／桝床席　51
壁床――今日庵／知水亭／無色軒　56
亭主床――慈光院茶室／湘南亭　60
第三章　窓のデザイン――65
墨跡窓・花明窓――閑隠席／庭玉軒　66
下地窓――咄々斎／清漣亭　70

連子窓――半宝庵／笑意軒　75
突上窓――松琴亭　79
色紙窓・風炉先窓――燕庵　84
八窓席――曼殊院八窓席／露滴庵　88
窓尽くし――金地院八窓席／春草廬　92
有楽窓・光琳窓――如庵／遼廓亭　96
吉野窓・円窓床――遺芳庵／時雨亭／傘亭　101

第四章　遺構を訪ねて――107
玉林院――南明庵／蓑庵／霞床席　108
伏見稲荷大社――御茶屋　113
水無瀬神宮――灯心亭　118
恵観山荘――止観亭　120
修学院離宮　123
桂離宮　127

第五章　露地の成り立ち――133
あとがき　140

装幀
加藤恒彦
写真協力
竹原義二
田畑みなお
松村芳治

第一章　すまいから茶室へ

すまいの源流

眼下に清滝川の清流をのぞむ高台に位置する高山寺《こうざんじ》石水院《せきすいいん》は、十三世紀初めに同寺を再興した明恵上人《みょうえ》が経蔵として造立した建物に、春日《かすが》・住吉《すみよし》両神像を祀る拝所が付加されたものです。柿葺《こけら》きの優美な屋根におおわれ、大きな面をとった角柱に伸びやかな曲線を描く舟肘木《ふなひじき》を組み合わせた構えは、経蔵というよりも明恵上人の庵室（住房）であったという伝承にふさわしい風姿を漂わせています。

化粧屋根裏に深々とおおわれた拝所を区切るのは、吊り上げの蔀戸《しとみど》と透けた菱格子《ひしごうし》です。蟇股《かえるまた》のところにも壁はありません。蟇股自身も脚内が刳《く》り抜かれています。このような蟇股を、板蟇股に対して本蟇股とか刳抜《くりぬき》蟇股といいます。このように大いに透けた装置によって結界された拝所が、御堂の内と外とを繋いで、周囲の自然と渾然一体となった拝所の空間を形成しているのです。

日本建築をもっとも魅力的に組み立てているのは、石水院の拝所のような空間ではないかと思います。一般的な住宅建築では縁（縁側）ということになるでしょうか。

縁には屋根がかかり、床《ゆか》が張ってあるという点で、屋外空間と全く同質であるとはいえません。また、通常は壁や建具（雨戸など）で閉ざされていないので、屋内空間と同質であるとも言い難いところです。屋内でも屋外でもない、いわば曖昧な空間なのです。このような縁をもつことによって、屋内の空間は屋外と滑らかに連続するのです。床の間に花を飾り、壁や襖に花鳥風月が描かれ、屋内に居ながら常に豊かな自然の中に身をゆだねているような生活文化は、縁のような空間の存在なくしては決して育たなかったでしょう。
日本建築のこのような空間構造の特質を、時間を遡ってみてみましょう。

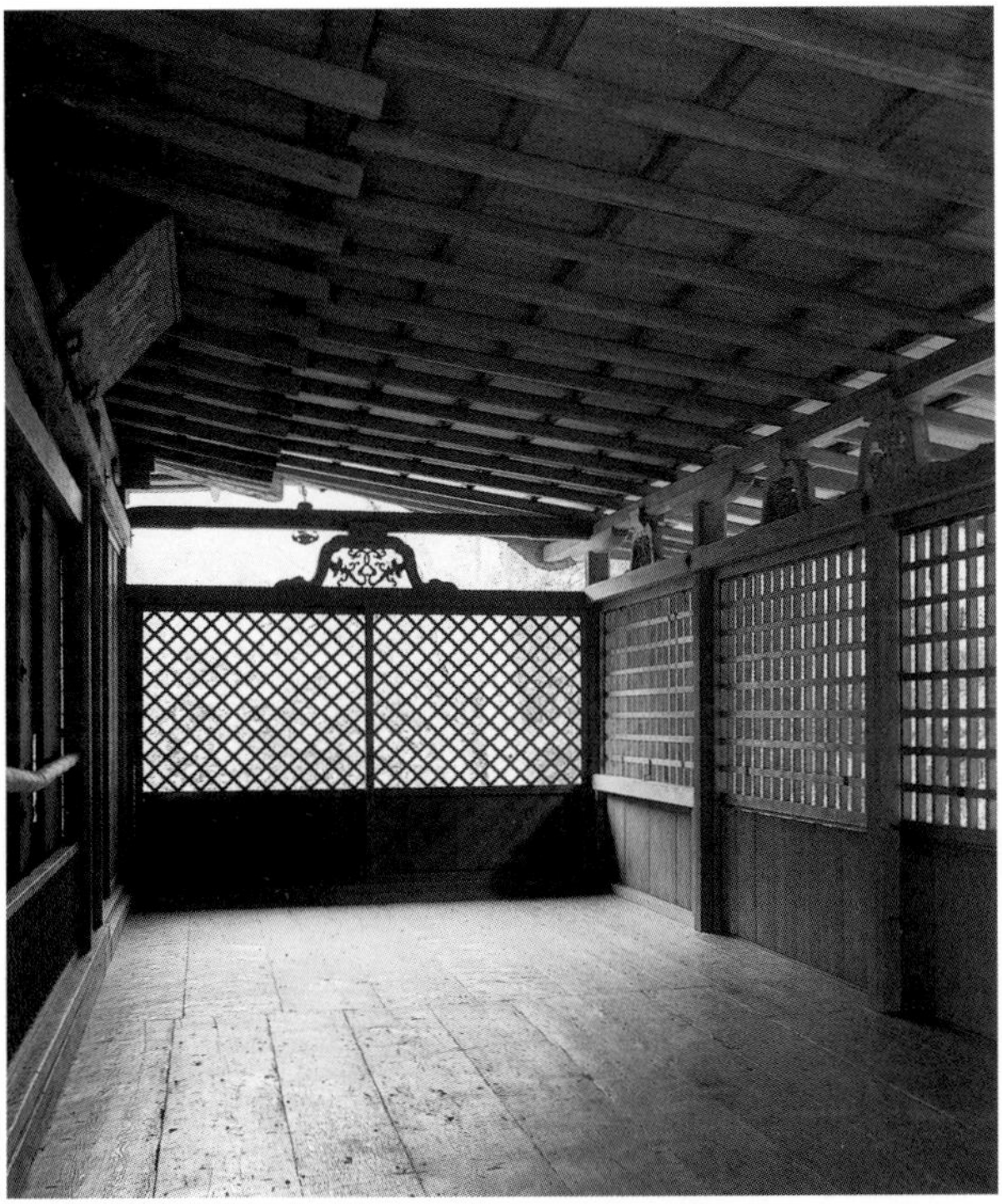
深い庇におおわれた石水院の拝所

昼と夜の生活空間

次頁の図は四世紀後半に日本で製作されたと見られる銅鏡です。四棟の建物を表現した図象が中央に大きく配されているところから「家屋文鏡」と呼ばれています。四棟のうちの画面下の建物に注目しつつ、日本の住宅建築の空間構成原理について考えてみましょう。

その建物には手摺の付いた梯子が描かれているので、生活面が地上から離れた高床形式とみることが許されます。画面右の建物にも梯子が描かれていますが、この方には手摺が付いていません。画面下の建物の方が使用頻度が高い、常用さ

家屋文鏡

れる施設であったと考えられます。屋根は大きな入母屋《いりもや》造りで、窓などの有無は判然としませんが、常時開放された状態でないのは確かなこととしてよいでしょう。向かって左方には高床部分から一段低い露台（バルコニー）が張り出しており、露台には蓋《きぬがさ》（衣笠）が差し掛けられています。

屋根でおおわれ、壁と床のある高床の部分が閉ざされた空間となり得るのに対して、露台の部分は、蓋を屋根、露台を床とみなしても、壁を備えていないので、閉鎖的な空間にはなり得ません。

家屋文鏡が製作された四世紀後半は、稲作を中心とする定住社会でした。蓋は貴人の象徴であるとみられており、被葬者の住居であった可能性が強いといえます。定住グループを束ねる指導者であったであろう被葬者の役割の第一は、稲の実りを集団に確実にもたらすことでした。昼は露台にあって農作業に関する指示や指導を行い、やがて日暮れとともに屋外の作業が終わると屋内（高床の部分）に戻ったのではないでしょうか。つまり、昼間は半屋内、半屋外的な空間を、夜は閉鎖的な空間を、それぞれ主たる生活の場としていたのではないでしょうか。

弥生時代末（三世紀中頃）の耶馬台国《やまたいこく》の記述があることで知られる『魏志倭人伝《ぎしわじんでん》』に、その民衆の住まいが次のように伝えられています。

屋室ありて、父母・兄弟は臥息処を異にす

一方、朝鮮半島の民衆の住まいについては、

居処は草屋・土室を作り、形は塚の如し、其の戸は上に在り、家を挙げて共に中に在り

と伝えており、ほとんど屋根ばかりの、家屋文鏡でいえば画面上に描かれている竪穴の建築をイメージすることができます。そして『倭人伝』に記す「屋室」が「草屋・土室」の縮約形とするならば、耶馬台国の民衆の住まいも同様であったと考えられます。

また『古事記』には「ヤタマ（八田間）のオオムロヤ（大室屋）」の物語が伝えられています。すなわち、オオクニヌシがスサノヲの娘スセリビメと駆け落ちするとき、眠っているスサノヲの髪をムロヤの垂木《たるき》に結び付け、大きな岩で戸を外から押さえてスサノヲの行動の自由を阻んだのです。これによっても、ムロヤの垂木が地面近くまで（あるいは地面まで）達しており、屋根ですっかりおおわれた閉鎖性の強い建築を想起することができます。

外部に対して開いた空間、そして閉鎖性の強い空間、この両者で構成されるような建築を「二室系」と呼ぶとするならば、二室系住居は日本住宅の太い源流をなすと考えられます。そのような例をいくつかみてみましょう。

伝法堂（法隆寺東院講堂）前身建物

光明皇后の母橘夫人の邸宅にあった一棟が法隆寺に寄進され、二柱間分増築したり、檜皮《ひわだ》葺きの屋根を本瓦葺きにするなどの改造を経て、法隆寺東院の講堂とされています。解体修理工事の際の詳細な調査に基づいて当初の姿の復元案（次頁上段）が示されています。間仕切りなどに異論もありますが、当初は基本的に

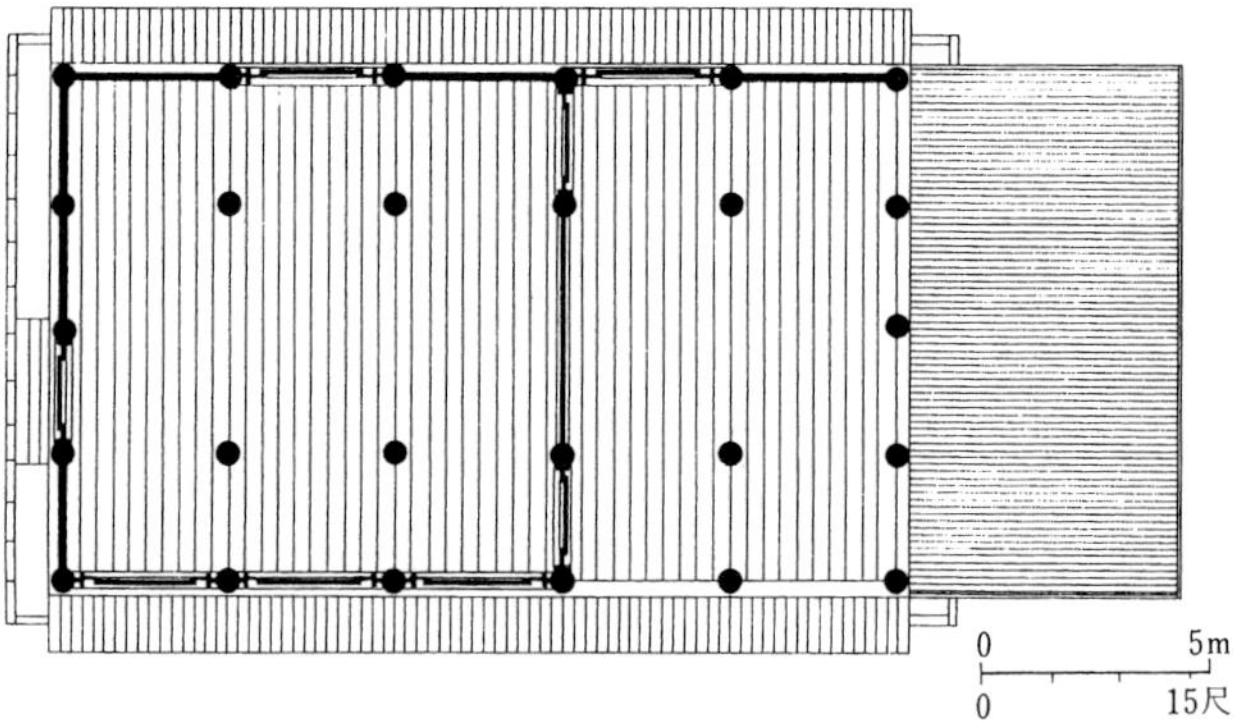

伝法堂（法隆寺東院講堂）

『慕帰絵詞』に描かれた塗籠（平井聖博士『図説　日本住宅の歴史より』）

は二つの空間で構成されていました。

　すなわち、図の向かって左の柱間三間（桁行）の部分は四方が壁あるいは建具で囲まれています。その右方の柱間二間分は二方の柱間が吹き放されており、さらに右方に屋根のない露台が張り出しています。左の部分が閉鎖的な空間構造をもつのに対して、右の部分は半屋内、半屋外的です。右半が居間（昼）、左半が寝室（夜）に、それぞれ対応する空間とみることができるでしょう。

　このような二つの空間の区分は、平安時代以後天皇が常居した清涼殿《せいりようでん》に「昼御座《ひのおまし》」、「夜御殿《よるのおとど》」と呼ばれる部屋の名称としても伝えられています。

宇佐神宮本殿

宇佐神宮本殿は、切妻《きりづま》造りの屋根が前後に二つ接する形式で、八幡《はちまん》造りと呼ばれています。八世紀頃に成立したと見られ、前方を前殿、後方を後殿と呼んでいます。いずれもカミの占有空間で、前殿には倚子《いし》（椅子）、後殿には御帳（帳台、座臥両用の調度）が置かれています。

前殿は「出居《でい》殿」とも呼ばれ、後殿は前殿に対してのみ開口しています。出居は、平安時代の貴族住宅である寝殿造りにおいて、主人の居間兼応接間としてあてられた空間でした。桃山時代の『日葡《にっぽ》辞書』に、「デイ＝ザシキ　民家において客と応接する座敷」とあるように、民家にもこの呼称が移入されました。地域によってはデエ、オデエなどと呼ばれています。

塗籠

古い民家であることを示す指標の一つに「ナンド（納戸）構え」あるいは「チョウダイ（帳台）構え」と呼ばれる形式があります。「ヒロマ」（居間的な空間、囲炉裏が切ってあることが多い）の奥にある寝室の出入口に見られる形式で、敷居を一段高くつくり、建具は一枚の片引き戸であることが多いのが典型的な様態です。建具に鍵穴のあいている場合もあります。寝室は「ヘヤ」とか「ナンド」、「チョウダ」などと呼ばれます。

前頁下段の図は『慕帰絵詞《ぼきえことば》』（本願寺三世覚如の一代を描いた絵巻物、十四世紀成立）に描かれた僧侶の住房の部分で、民家のナンドに相当します。壁に横板を張り、細かい間隔で間柱を立てた頑丈そうなつくりで、一箇所だけ小さな潜り戸が設けられています。このような構造の部屋を塗籠《ぬりこめ》といいます。潜り戸には鍵

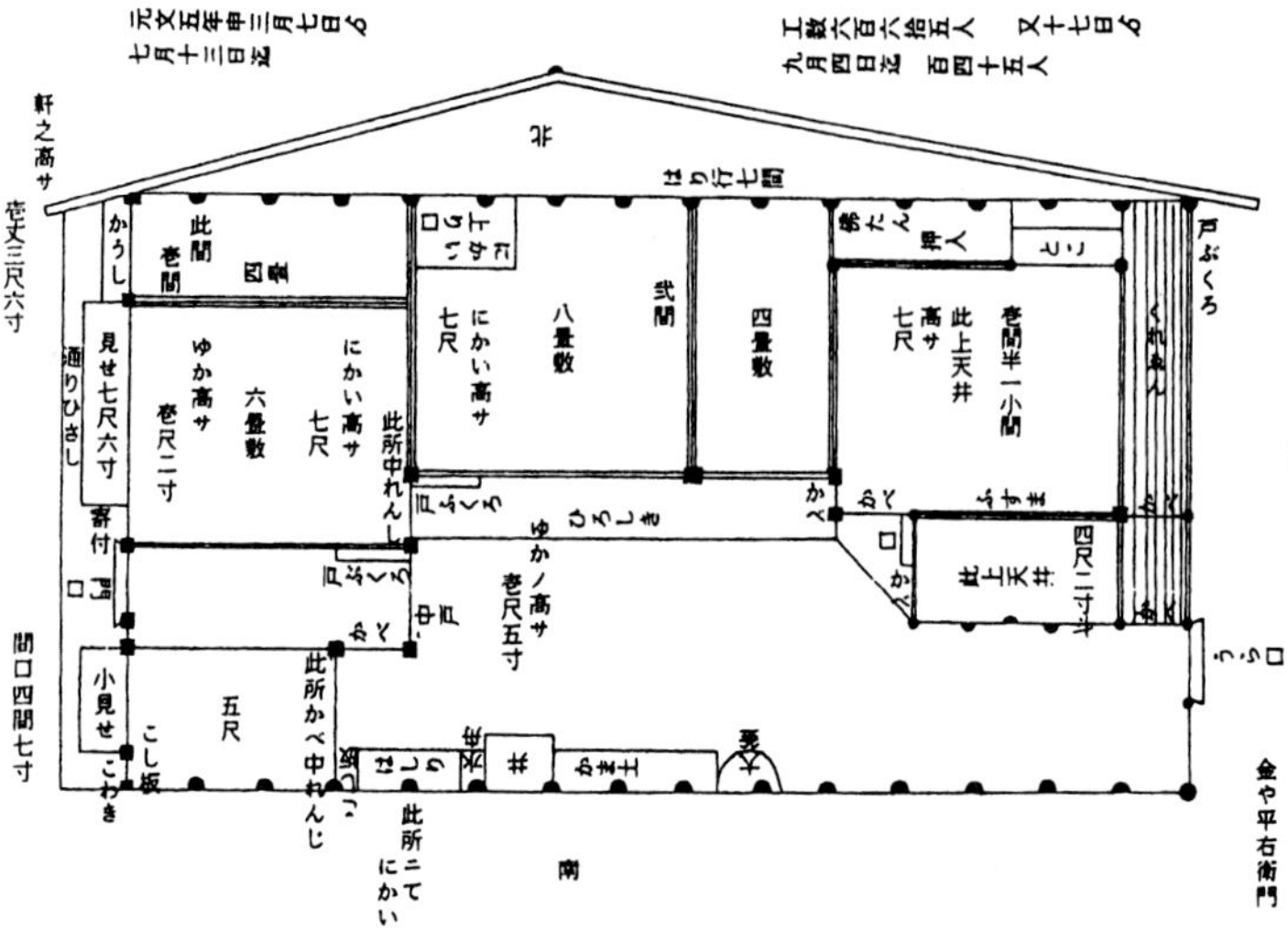

18世紀半ばの京都町家　平面図

穴がつくられており、塗籠の中には畳や枕などがあって、寝室らしい雰囲気を伝えています。塗籠が閉鎖性の強い構造であったことが分かります。

嫗《おうな》、塗籠の内に、かぐや姫を抱かへてをり。翁も、塗籠の戸を鎖して、戸口にをり

有名な『竹取物語』の終盤、かぐや姫を月の世界に呼び戻す使者が近づいてきたとき、嫗が姫とともに塗籠に閉じこもるシーンです。あるいは次のような記事も見えます。

としごろの御つたはり物ども、かずもしらず、ぬりごめにてやけぬ

長和五年（一〇一六）七月、栄華を極めていた摂政藤原道長の土御門《つちみかど》邸が焼失した際の模様を伝える『栄華物語』の一節です。

平安時代末頃まで、天皇は夜はかならず清涼殿の夜御殿で寝むこととされていました。夜御殿は塗籠の構造をもっており、内部には帳台や衣架、燈台が置かれていました。皇位の印であり、また天皇の守護霊が宿るとされ

る、いわゆる三種の神器のうち神鏡は内侍所《ないしどころ》に置かれましたが、残る宝剣と神璽《しんじ》を入れた筥《はこ》は帳台東方の二階厨子の上に置かれることになっていました。

これらの例に見られるように、塗籠は外界と隔絶したもっとも私的な場所であり、金庫のように、大切なものを保管しておく不可侵の空間でした。住居のもっとも本源的な役割は人の生命や財産を外界の気象条件や外敵から守ることにある、とするならば、いわば二重の外壁をもつといってよい塗籠の空間は、住居のなかのもっとも本源的な空間であるといえるでしょう。

図は十八世紀半ばの京都の町家古図ですが、江戸時代も末になると見られなくなる構えをもっています。それは土間（トオリニワ）との境を板戸で閉ざすことができるようになっていたことです。昼間は雨戸を納めるのと同じ構造形式の戸袋のなかに建てておき、夜間になると戸袋から引き出して戸締まりをします。正面出入口は大戸によって厳重に戸締まりされているので、このような装置は不要かと思われるのですが、二重、三重に部屋を外部から隔てるという、塗籠に相通じる性格が伝承されていました。江戸時代の京都では、町毎に木戸門が構えられて夜間には扉が閉じられましたから、ある時刻を過ぎて外から我が家の部屋に落ち着くまでには、何度関門を通過しなければならなかったことでしょうか。

さて、中世半ばに武家はようやく独自の住宅建築をつくりあげます。和風住宅の直接的な原点となるもので、書院造りといいます。

畳を敷き詰めた部屋（座敷）が障子や襖で間仕切られ、主室には舶載された美術品（唐物《からもの》）を展観する押《おし》板《いた》（床の間の原形）、付書院《つけしょいん》、違棚《ちがいだな》が設けられました。慈照寺《じしょうじ》（銀閣寺）東求堂《とうぐどう》は足利義政の持仏堂で、その一室同仁斎《どうじんさい》は書院造りの最初期の遺構です。

多くの書院造りの主室には、他の建具より小さい襖を引き分けに建てた「帳台（納戸）構え」と呼ばれる装置が構えられています。園城寺《おんじょうじ》（三井寺《みいでら》）光浄院《こうじょういん》客殿などに完成された書院造り主室の構えをみることができますが、同仁斎に帳台構え、押板はありません。

帳台構えは、寝殿における塗籠の小さな出入口をあらわすことによって、書院造りが古代以来の伝統に系譜する、正統的な建築であることを主張するための装置ということができます。警護のものが控えていた「武者隠しの間」として説明されることもありますが、本義的にはそのような機能はなく、非実用的な室内装飾（座敷飾り）の装置として組み込まれたものです。「帳台」が転訛して、民家の寝室は「チョウダ」と呼ばれるようにもなりました。

夫婦の寝室であるナンド（ヘヤ）は新たな生命の宿されるところです。農家には、種籾の俵をナンドに置いてナンド神（穀霊の依代《よりしろ》）とする民俗が伝承されています。ナンドは稲の再生の場でもありましたが、それは「家」の永続性を象徴することにほかならないのです。『今昔物語』には塗籠に宿るさまざまな鬼のはなしが伝えられ（巻第二十七）、またナンドには「ナンドババ」などと呼ばれる化け物が出るといわれるように、そこは強い霊威の宿る空間でした。ナンドは住居のもっとも私的な部分を集約し、住居＝「家」の主体を象徴する空間なのです。

妙喜庵待庵

妙喜庵待庵《みょうきあんたいあん》にみられるように、千利休が創造した侘び茶の空間からは、書院造り風な名残は一掃されました。土壁で囲まれ、躙口《にじりぐち》という小さな潜りから出入りするという、まさに塗籠のような空間です。名物（唐物）の権威から脱却した侘び茶を茶の湯の原点とした利休は、侘び茶にとって理想的な空間を追求し、二畳敷の待庵を創造しました。荒壁と丸太や竹という簡素な素材で組み立てられながら、静謐で緊張感のある空間が現出されました。

正統的な建築であることを表象する縁（縁側）を取り除いたことは、建築の格式性や社会性を切り捨てたことと等質であるといえます。また重宝を飾る床の間を備えた閉鎖的な空間は、塗籠と等質な空間の私性と聖性を表象するものとみることができるでしょう。

その床構えは室床《むろどこ》と呼ばれるものです。室内の壁と同じく、藁苆《わらすさ》を散らした荒壁で塗り廻し、さらに天井まで土壁を塗り上げた、まさにムロ（室）のような床です。

また炉（囲炉裏）が切られて、客座と点前座をつなぐ重要な役割を果たしています。

囲炉裏の周りには人が集まり、団欒《だんらん》や接客、つき合いの場となります。「ユルリ」「ヒジロ」など様々な呼び名をもっていますが、いずれも「人の居る場所」「火を焚く場所」を意味しています。唾を吐いたり、土足で囲炉裏にあたると火が穢《けが》れるといい、また囲炉裏のある部屋（ヒロマ）には神棚をしつらえることが多くあります。これらのことが示すように、囲炉裏は聖なる存在であり、カミのもとで家庭という小さな社会が営まれる中心の装置なのです。

炉が湯を沸かす装置であることはいうまでもありませんが、それは同時に接客の場に備えられていた装置であり、神聖な装置であり、「ヨコザ」（主人の座）、「カカザ」（主婦の座）、「キャクザ」（客の座）などの言葉があるように、座に一定の秩序があることを示す指標となっていました。炉が茶室に採用されたのは、それらのことを茶人たちが日常生活のなかで体得し、深く理解していたことによるのでしょう。

窓が少なく、縁を除去したことで古民家のような風姿をあらわしていますが、このような造形はいずれも空間性の追求の帰結でした。茶室には「住居」のさまざまな様態が集約されているのです。

箱木千年家

箱木《はこぎ》家は「千年家《せんねんいえ》」の名で呼ばれています。同家は江戸時代にすでに「千年家」と呼ばれる家柄でした。江戸時代中期の地誌（『摂津名所図会』など）には建築年代は大同元年（八〇六）とあります。千年も経っている古い家の謂であり、そうすると平安時代の民家ということになります。建物はそこまで遡ることはできませんが、主屋は室町時代、十五世紀末に建てられたと推測されています。現存するものとしては最古の民家の一つです。神戸市北区といってもこの辺りは山村の風景にほかなりません。茅《かや》葺き民家が多数残存している有数の地域ですが、箱木家住宅はそれらの中でも際立って古いものです。

主屋の建築面積は約三十坪。兵庫県但馬地方で標準的な規模の民家を「三六」といいます。梁行三間×桁行六間の規模であることを意味しています。これは上屋《じょうや》の部分なので、下屋《げや》を含むと四間×七間で、面積は二十八坪になります（上屋、下屋については後述します）。箱木家や周辺にもよく見られる茅葺き民家（大半は鉄板を被っていますが）のような規模になるのは、十八世紀に入った頃からのことで、それ以前は一回り小さかったのです。箱木家住宅は中世の民家としては破格の規模であったとみてよいでしょう。土着の有力な家柄であり、古い家譜を伝える箱木家は敬意をこめて「千年家」と呼ばれたのでしょう。

　山田川流域に呑吐《どんと》ダムが建設されることになり、箱木家住宅はダム湖畔の現在地に移築、復元されています。二十年ほど前の解体工事現場を見学したことがありますが、当時は現在地より七十メートルほど西北にあり、また江戸時代に増改築された座敷廻りを一棟に納めた長大な構えでした。移築に際して中世建築である主屋が切り離され、他は離れ座敷として別棟とされました。

　民家は日常生活空間であるゆえに、しばしば改造や修理が行われます。材料の取り替えや更新も随時行われてきました。箱木家住宅も建築後五百年を経て、当初のものと認められるのは数本の柱や梁にとどまります。煤で真っ黒になり、風格を漂わせるそれらに施された埋木などの痕跡が、この建物が辿ってきた歴史を物語っています。建築年代を特定し得る確実な物証は限られるとはいえ、箱木家住宅は中世民家の様態を教えてくれる貴重な遺構なのです。

外観　茅葺きの厚い屋根が地面近くまでと感じられるほどに低く葺き下ろされています。軒先は地面から五尺あまりしかありません。竪穴住居がわずかに壁を立ち上げたほどといえるかも知れません。それでも梁の端が少しだけ「せがい」状に外に延びているので、いくぶんか軒が深まり、開口部の高さが保たれていま す。梁が柱の上に直接乗る折置《おりおき》になっているのは古制といえます。
　正面の縁に面して引違いの板戸が建てられていますが、内法《うちのり》は五尺余です。開口部は、これ以外に土間の背面側に二ヶ所と妻側のハシリの上に一ヶ所、それぞれほぼ同じ大きさの下地窓があいているだけです。下地窓の大きさは縦二十五㎝、横三十八㎝ほど。正面と妻側の出入口を除いて他は大壁で閉ざされています。下壁が立ち上がっているとはいえ、竪穴住居とほとんど変わるところがありません。

地面近くまで低く葺き下ろされた箱木家の屋根

平面形式　広間型の「前座敷三間取り」、すなわちユカ上部分の正面にオモテ、背面にオイエ（ダイドコとも呼ばれる）とナンド（ヘヤ）が並んでいます。ハレ（晴）の空間とケ（褻）の空間が前後に配されているのです。土間はユカ上よりも広く、正面側の隅にウマヤが設けられています。

ユカ上はすべて板敷。板の厚さは五㎝ほどあり、表面は蛤刃《はまぐりば》の手斧《ちょうな》ではつられています。中世の民家でこれほど大量の板材が使われているのは異例なことであり、この点でも箱木家住宅は当時の平均的な民家ではないのです。

板材を大量に生産するには、工具として縦挽きの鋸（大《お》鋸《が》）と台鉋を使います。大鋸は十五世紀頃から、台鉋はそれよりかなり遅れて使用され始めますが、その使用は寺社や武家、公家などの特権的な階層に限られていました。庶民の工具となるのは江戸時代を待たなければなりませんでした。したがって民家のユカは普通には竹簀の子でした。

上屋・下屋　土間を見ると、独立柱が三本立っているのに気づきます。独立柱は真っ暗なナンドにも一本、ウマヤにも一本立っています。民家の構造は、梁から下にあって建物の骨組を構成する軸部と、屋根を構成する小屋組から成っており、軸部と小屋組とは絶縁状態にあります。軸部のうち主体構造を上屋といい、その周囲に取り付く構造部を下屋といいます。寺社建築などの主体空間を身舎（もや、しんしゃ）、身舎を補完する空間を庇《ひさし》といいますが、上屋と下屋は、いわばその関係に対応しています。

　先述の独立柱はこの上屋柱なのです。オモテは広い一室とするため省略されていますが、それ以外は上屋柱は律儀に一間毎に立てられているのです。ただし一間の長さは不揃いです。土間にしろナンドにしろ、使い勝手という点ではこのような柱はない方がよく、実際、近世の民家では室内に立つ上屋柱は外周の下屋柱

箱木千年家主屋

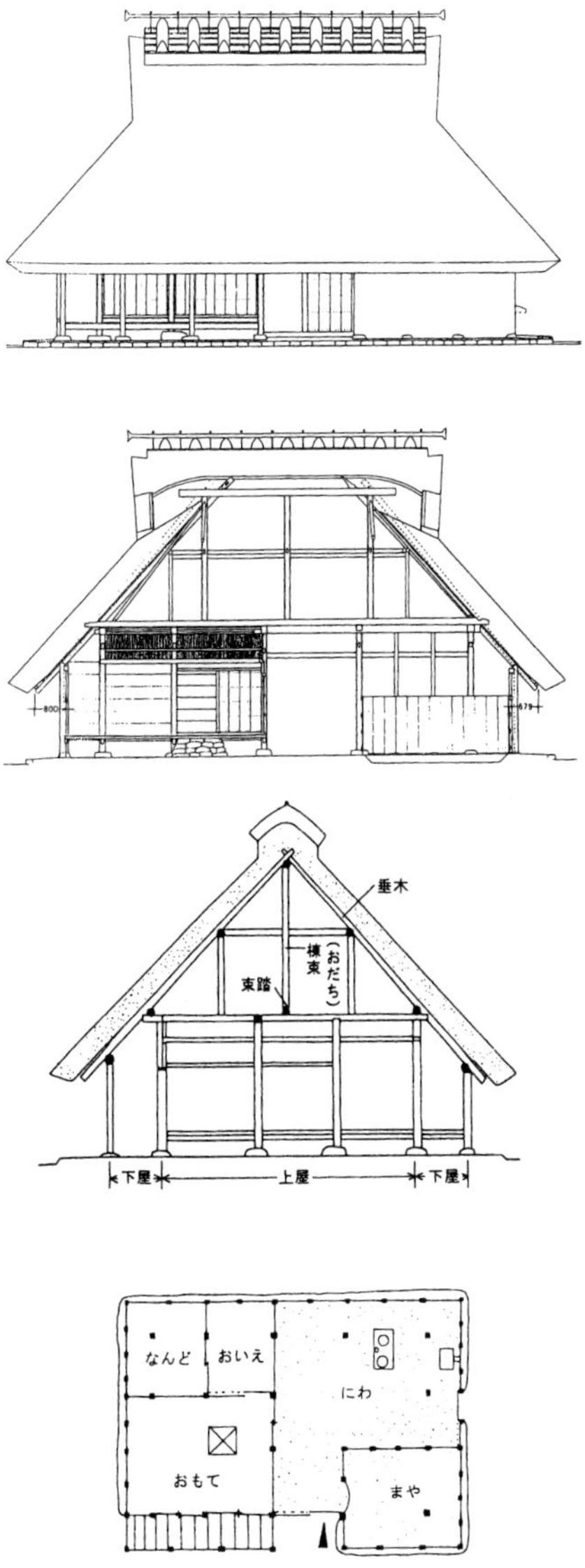

正面図
桁断面図
梁行断面図
平面図

に吸収される方向に進みます。箱木家の事例はうぶな技法といえるでしょう。上屋柱筋と無関係に立つ下屋柱が何本かあるのも古制で、下屋柱は外壁をつくることだけに働いています。

ナンドは霊威（カミ）の宿る空間であると述べましたが、ナンドの独立柱はカミの依代のようにも感じられるのです。

小屋組　「おだち」（棟束）を立てた垂木構造。「おだち」は鳥居束と貫《ぬき》で補強されています。「おだち」は「うだつ」すなわち「梁上の束」を意味する古語からの転訛です。小屋裏を有効利用するためにはこのような構造は障害となり、棟束を立てない叉首《さす》構造（合掌造り）が主流となっていきました。京都北方に展開する「北山型」と呼ばれる山村民家の類型では、小屋組の変遷を編年指標の一つとすることができます。北山型では、鳥居束を斜めに立てるタイプを経て、棟束・垂木構造が叉首構造へと移行する過程を観察することができます。山田川流域では、十八世紀後半から叉首構造に変わるとみられています。

オイエ　団欒や食事など家族の日常生活の中心となるところで、オウエなどとも呼ばれます。近世の民家では囲炉裏が設けてあることが多く、簡単な接客などもここで行われました。永禄八年（一五六五）堺の町家での記録に「茶の湯常の如し、ゆるり（囲炉裏）、おうへにて」（『天王寺屋会記』）とあって、オウエで日常的な雰囲気の茶会が行われていたことが知られます。

ナンド　ナンドへの出入口は片引きの板戸で、高さは四尺二、三寸。三方は壁で閉ざされています。

土間・ニワ　外部の空地をニワといい、建築内部の土間もニワといいます。町家に一般的な、オモテからウラまで通り抜けのできる土間はトオリニワと呼ばれています。

禁中正殿の前庭を庭中＝オオバと呼んだように、ニワとはなんらかの行事や作業を行う場所、また公的ないし共同の広場をさしていました。農家では屋外のニワは脱穀などの農作業を行う場でしたが、夜間や雨天、積雪期などには屋内の土間が作業の場となりました。

屋外のニワは作業の場であるとともに、門松や精霊迎え、送り火など、カミを迎え、あるいは祖先の霊を迎えて祀る、神聖な儀式の場でもありました。門松はもともとはカドと呼ぶ祭場のしるしであり、神霊の依代です。座敷前の前栽に松が植えられることも多くみられます。常緑樹が神霊の依代であった遠い記憶の名残なのでしょうか。

一方、屋内のニワである土間は、作業の場であるほかに、米櫃をはじめ食料を保管する場所でもあり、竈《かまど》（竈土《くど》）や流し（ハシリ）など炊事用の施設が設けられています。竈には竈神が祀られ、土間とユカの境に立つ柱を大黒柱、恵比寿柱と呼ぶように、人間とさまざまなカミがいっしょに住んできました。同じ民家でも、町家のミセニワは道路の延長とみなされる空間でしたから、町家の土間は農家のそれのような聖性は希薄であるといえるでしょう。

土間の中では戸外を歩いた履物では歩かず、きれいな履物か裸足でしか歩かないというところもありました。それは、屋内の土間が作業場でもあったために、土間で扱う物に土や砂が付着したり混じらないようにという配慮によるものでもあったでしょうが、戸口の敷居から内は人とカミがともに住む空間でしたから、内部の土間は清浄に保たれなければならなかったのです。

「玄関の敷居を踏んではいけない」とよく注意されたものです。家の内外のけじめは厳重に守られなければならず、家の内外を隔てる結界としての敷居も尊重されなければならなかったのです。

会所から茶座敷へ

室町時代は、日本の住宅建築の展開にとって重要な意味をもつ時期でした。「座敷」の文化が成立し、いわゆる和風住宅の直接的な源がここに発するからです。この時期の貴族や武家の住宅の特色は、公家的な伝統にもとづく行事の場である寝殿や、日常生活の場である常御所《つねごしょ》などとは別に、和歌や連歌、闘茶といった文芸や遊芸を中軸とする社交のための建築、つまり会所《かいしょ》が盛んにつくられるようになっていくことです。

文芸や遊芸の会は、社会の上下の人々が同座し、一座を建立するという寄合性を基本的な性格としていました。したがって身分秩序で律せられた旧来の空間は、これらの会には不向きだったのです。そこで、遊芸や接客という特定の用途のためにつくられたのが「会所」です。会所は、邸宅の中では山水に面した奥向きの部分につくられました。山水と身近に親しむことができるその環境は、会所のもつ遊興性の建築的表現ということができるでしょう。

会所の室内は舶載された多数の美術品（唐物、唐絵）でにぎにぎしく飾られました。唐物による展示（室《しつ》礼《らい》）はやがて洗練され、整理されて、一定の規範に従うようになります。そして座敷飾りの場も精選され、押板、付書院、違棚という装置として整えられました。

それとともに、建築的構成にも次のような変化があらわれます。すなわち、部屋中に畳が敷き詰められるようになり、襖や障子などの建具による間仕切りが行われるようになりました。このような新しい生活空間をもつ建築を「書院造り」といいます。書院造りは、会所が盛んにつくられた中世の武家社会において確立された建築様式であるといえるでしょう。

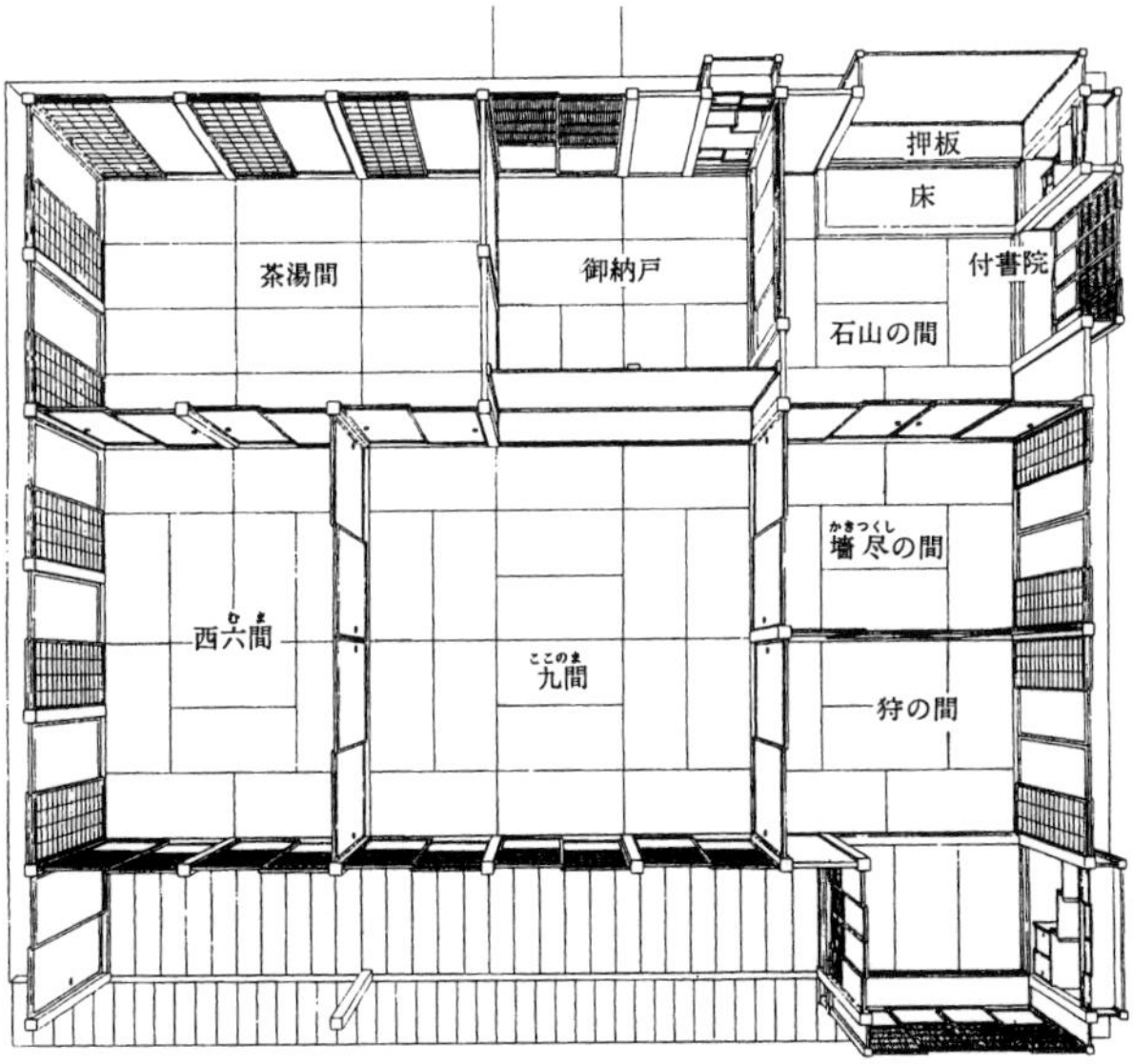

東山殿会所復元図（宮上茂隆氏による案）

室内空間の独立性が高まり、生活の場の重心が室内に固定されたことによって、その構成や意匠に対する関心が一気に深まっていきました。日本住宅の典型的な生活空間＝座敷がここに成立し、その中で茶や花といった生活文化が育てられていくのです。

唐物による座敷飾りの規範が整い、洗練された状態は、能阿弥《のうあみ》あるいは相阿弥《そうあみ》によって集大成されたと伝えられる『君台観左右帳記《くんたいかんそうちょうき》』や『御飾書《おかざりしょ》』などによって知ることができます。彼らは同朋衆《どうぼうしゅう》と呼ばれ、将軍邸の会所の座敷飾りを担当しました。そのため、足利義政の小川《こかわ》御所や東山殿における実際の座敷飾りの様子が記録されたのです。例えば、普請《ふしん》道楽できこえた義政が最後に営んだ山荘東山殿（死後、慈照寺＝銀閣寺となる）の会所の一室「石山の間」は次のようになっていました。

一、同北の石山の御間、北東一間間中《まなか》（一間半）の床御座あり。上に御押板、御絵、三具足常のごとし。東にまなか（半間）の違棚、置物かくのごとし（中略）東の方、床の下、違棚にそひて御書院あり、飾りかくのごとし

押板、付書院、違棚をそなえた「床」があったこと、そして「床の下、違棚」とあることから「床」は一段高くしつらえられていたことが知られます。また「常のごとし」「かくのごとし」とあることから、展示法が規範化していたことも分かります。

「押板」というのは、間口は広く（二～三間）、奥行きは浅い（二尺五寸＝約七十六㎝）一種の壁龕《へきがん》で、厚い板を畳から少し離して取り付けた構えです。壁面には絵を懸け、厚板の上には三具足（香炉、花瓶、燭台）等が飾られました。

東山殿会所の主室は十八畳の広さの三間四方の部屋です。「九間《ここのま》」と呼ばれました。室内に描かれた障屏画の画題によって「嵯峨《さが》の間」とも呼ばれていました。前述のように、このころ（十五世紀後半）ようやく畳を部屋中に敷き詰めるようになってきていましたが、部屋の大きさを数えるのに、畳の帖数ではなく、一間四方を「間《ま》」とする単位が用いられていました。その九間については、

一、御会所、九間、嵯峨の間、北東三間押板、御絵・御三具足、わきに花瓶以下如常

と記すのみです。座敷飾りの装置としては押板があるにすぎません。会所において中心となる部屋の室礼が比較的質素であったことは他の例からもうかがうことができます。唐物を展観するための専用の部屋は別に設けられていました。

連歌会での飲食には茶も組み込まれており、主室に隣接して「茶湯間《ちゃのゆのま》」が設けられました。茶湯間は茶室

とは異なり、いわば配膳準備室のような部屋です。そこには同朋衆や御茶湯奉行が控えていて、点茶を専門に担当していました。このように、喫茶の場と点茶の場とが空間的に分離していたことを、会所での茶の湯の特質として指摘することができます。「九間」といえば、残月亭《ざんげつてい》の原形となった利休聚楽《じゅらく》屋敷の色付《いろつけ》九間書院が思い浮かぶところです。これについてはいずれ触れる機会があるかと思います。

円城寺光浄院客殿（1601年）主室の構え

　連歌会の会場には、歌聖として尊ばれた柿本人麻呂の画像、あるいは天神名号《てんじんみょうごう》（菅原道真を連歌の守護神とする信仰による）が奉懸《ほうけん》されます。そうすることによって、連歌会の会場は日常的な世界の規範が介入することなく、寄合のルールだけに従う、ある種神聖な場になりました。のちに、「書院ニテ上段ノヲシ板（押板）ニ天神名号懸テ」（『宗湛日記』天正十八年〈一五九〇〉九月十日条）と記された利休聚楽屋敷の書院は、連歌会の伝統的な空間構成の原理を踏まえて構成されていたのです。なお、この「書院」は色付九間書院ではなく檜造りの「広間大書院」であろうと中村昌生博士は推考されています。

　写真は園城寺（三井寺、滋賀県大津市）の子院光浄院客殿の主室（上座の間）です。慶長六年（一六〇一）の建築と伝えられています。正面に間口二間の押板、向かって右に違棚があり、左方の一段高い部分に押板と付書院が設けられています。東山殿の会所「石山の間」にあった「床」を想起させる構えです。

光浄院客殿にみられる構成は、中世末から近世初めにかけての上層社会における一連の住宅建築に共通するものであったことが知られています。光浄院客殿は、中世住宅のたたずまいをうかがうことができる貴重な遺構なのです。

東求堂同仁斎

足利八代将軍義政が、東山浄土寺跡の地に営んだ山荘東山殿に設けられた持仏堂「東求堂」は、初期書院造りの代表的な遺構として国宝に指定されています。そのなかの一室「同仁斎」は、古くから四畳半茶室の始まりであると伝えられてきました。

東山殿の造営は文明十四年(一四八二)に着手され、以後延徳二年(一四九〇)に義政が世を去る直前まで続けられました。文明十五年に常御所(日常生活の場)が完成するとともに、義政はここに移り住みます。「和歌を詠じ、月に酔い、花に坐す」ことを理想とした義政の晩年は、東山殿の造営に傾倒されたのです。

東山殿には西指亭、超然亭《ちょうねんてい》をはじめ、会所(前出)、泉殿、持仏堂、漱蘇亭《そうせんてい》といった各種の施設が次々と造営されていきましたが、寝殿はついに完成を見ませんでした。会所と庭間建築という奥向きの施設を中心とする邸宅が形成されたのです。

このことは、公家邸宅の模倣から全く脱皮し、武家独自の生活文化を純粋に育成してゆく場が形成されたことを物語っています。

漱蘇亭は竹亭《ちくてい》とも呼ばれた「茶屋」です。竹亭と呼ばれたのは、竹を主体に組み立てられていたからでしょう。茶屋とは気軽な宴遊や歌舞音曲などのための施設です。「茶」屋といいますが、茶の湯専用の施設ではありません。用途や材料など、形式にとらわれない自由な建築表現が可能な場であったという点で、茶屋はのちの草庵茶室を成立させる一つの母体となりました。

軽快な東求堂の外観

同仁斎の違棚と付書院

持仏堂は文明十八年（一四八六）までに完成し、東求堂と名付けられました。その名が示すように、東山殿をこの世の浄土とするために不可欠な施設でした。その位置は現在よりもっと観音殿（銀閣）に接近していたであろうと川上貢博士は推測されています。

東求堂は入母屋造り、檜皮葺きの軽快な屋根におおわれ、南面しています。柱はすべて角柱で、内法長押《うちのりなげし》、蟻壁（天井）長押が打ち廻されています。全体が和様の住宅的な要素で構成されているなかで、唯一唐様《からよう》（禅宗様）の桟唐戸《さんからど》を前面に建てている部分が仏間です。内部の四室のうち仏間だけが板敷きで、阿弥陀仏が安置されています。

東北の四畳半の室が同仁斎です。「北向《きたむき》書院」とも呼ばれていました。畳が敷き詰められ、間口一間の付書院と間口半間の違棚が北面に並んで設けられています。壁は張付壁《はりつけ》（仕上げに紙を張り四周を細い木＝四《し》分一《ぶいち》で押さえた壁、書院造りでは絵を描くのが定法とされる）で、かつては絵が描かれていました。

同仁斎という室名は「人間は平等」という考え方をあらわした「聖人一視而同仁」から選ばれました。義政の最初の将軍御所となった烏丸殿の持仏堂にあった書院「安仁斎」に照応しています。

義政の同朋衆相阿弥は、同仁斎の付書院の飾りを次のように記しています。（『御飾書』）

> 北方一間ハ御書院、硯・筆架・筆・墨、中に文台、書物一帖置る、西の脇に漢書あまたつまる、

書斎に置かれた文机が造り付けられる、という経過をたどって、付書院（出文机《だしふづくえ》と呼ばれていた）という装置となりました。したがって付書院には文房具を飾るのが常でした。ここではさらに漢書が多数積まれています。書籍も、読書という実用のためというより、座敷飾りのために配されたものとみられます。

相阿弥はさらに次のように記しています。

> 御持仏堂の艮、四帖半敷、御囲炉裏に、南蛮物釣物・ゑふこの水指・同手桶・柄杓立細口胡銅の、水翻胡銅の、くさり常のごとし
> 同西間中（半間）違棚、建盞・台・小壺・茶筅・茶杓、盆にすわりて置る、下の重にハ御籠剔紅菱花

すなわち、同仁斎には囲炉裏（炉）が切られて釜が懸かり、違棚には茶の湯の道具が置き合わされていた

のです。

現在炉は切られていませんが、昭和三十九年に行われた東求堂の解体修理工事に際して、この部屋から「文の間」「御いるり（囲炉裏）の間」とある墨書が発見され、ここが書院で、炉が切られていたことが確かめられました。座敷飾りがなされた場で茶を点て、喫することができたのです。なお、「ちやう（丈）間」と記された墨書も見出されています。丈間は十尺四方の部屋（一丈＝十尺）、すなわち四畳半の広さをあらわしたものとみられます。

同仁斎の西は六畳の室（西三間《みま》）と襖で接しています。相阿弥の伝えるところによると、西三間には曲彔《きよくろく》（禅僧が坐る椅子）が置かれ、夢窓《むそう》国師の墨蹟が二幅掛けられていたことが記録されています。

東山殿を造営するに際して義政が手本としたのは、夢想国師によって復興された西芳寺《さいほうじ》（苔寺）です。西芳寺の庭園には、仏殿や舎利殿、亭や橋が配されて、浄土と禅とが巧みに融合されていました。義政はこのような世界に深く心ひかれ、また夢窓国師を敬慕していました。同仁斎の炉は、阿弥陀や夢窓国師に対する献茶のための設備であったのかも知れません。飾りの装置がなにもない西三間は、阿弥陀や夢窓国師に見守られたなかで、連歌会の会場となることもあったのではないでしょうか。

草庵の茶室は、床（床の間）を備え、畳敷きであることを条件とします。したがって、その床を装置として欠いた同仁斎は、あくまで持仏堂に併設された書院ないしは庵室であるといわねばなりません。けれど、そうした精神生活の場が、風雅な遊興の世界を含む邸宅の中におかれ、聖なる別境を形成し、平等な人間関係のもとで一座が建立されたところに、のちの草庵の世界と深く通底するありようが認められるのです。

技術的な面でも、数寄屋造りの技法の始まりともいうべき点を見ることができます。外周の柱は一間毎に立てられるのがこの時期としては一般的な手法でした。けれども東求堂では一間半、二間の広い柱間がとられています。そのため、幅広い貫《ぬき》＝力貫を通すことによって構造の強化が図られているのです。のちに茶室や数寄屋造りの建築で行われるこういった技法が、この東求堂で早くもあらわれているという点にも注目されます。

このように見てくると、東求堂同仁斎は四畳半茶室の始まりであるという説を、単なる俗説として退けることはできないのです。

茶屋

室町時代には、厳重な格式と儀礼的な形式を備え、唐物が飾られたなかで風雅な茶の湯が催される一方、くつろいだ雰囲気のなかで、共同で飲食する楽しみに根ざした寄合が行われていました。その会場の一つとされたのが茶屋です。形式にとらわれず、自由な造形によってくつろいだ雰囲気を醸し出す茶屋は、公家や武家の庭間に営まれ、気軽な宴遊に好んで使われていました。茶屋は、日常生活の延長としての私的で気軽な寄合の場であり、また回遊の楽しみを基礎に造形された建築だったのです。その伝統は、近世に入って桂離宮の月波楼《げっぱろう》、賞花亭《しょうかてい》といったきわめて洗練された造形として結実しています。

享禄三年（一五三〇）四月十四日、万里小路《までのこうじ》秀房邸に招かれた鷲尾隆康は、黒木（皮のついた自然のままの丸太）造りの茶屋で雑談を楽しみ、酒を酌み交わすなどして終日を過ごしたことを日記（『二水記』）に書き留めています。

大永年間（一五二一～二八）頃、「数奇之上手」で「下京茶湯」を始めていた村田宗珠（村田珠光の養嗣子）が自宅に設けていた茶の湯のための座敷は、「茶屋」と呼ばれていました。先の鷲尾隆康はそのたずまいを「山居の躰尤も感有り、誠に市中の隠と謂うべし」と記しています。

都市のただ中にありながら、松杉蒼々とした清新な「山居《さんきょ》」の趣が茶座敷を包んでいたのです。「市中の隠《いん》（者）」といわれたのは、それが隠者（遁世者）の草庵の系譜を引くものであったことを示しています。

用法、様式ともに規式から解放された茶屋や亭では、形式にとらわれない自由な建築表現が可能であり、そこには造形原理としてすみずみにまで貫かれた侘びの美意識をみることができます。自然の材料、とくに竹や丸太で組み立てる数奇屋の技術は、日本建築のなかでもっとも洗練を経たものですが、その技術はこのような場で錬磨されてきたのです。

鹿苑寺の庭間に配された夕佳亭

茶室をつくることを「炉を切る」といいます。草庵の茶室にとって炉は欠かすことのできない装置だからです。一方、竃土《くど》は煮炊きするという機能において炉と共通しますが、団欒や接客とは無縁であり、実用に徹した装置です。野趣に富む竃土は、その自由な造形性によって、侘びた景趣を導き出すための装置として茶屋のなかに組み込まれ、さらに造形性を洗練させていったのでしょう。

写真は京都鹿苑寺《ろくおんじ》苑内にある茶屋夕佳亭《せっかてい》です。

鹿苑寺は、足利義政の祖父義満の山荘北山殿を死後に寺としたもので、金閣寺と通称されています。夕佳亭は金閣（北山殿の舎利殿）東北方の高所にあり、寄棟《よせむね》造り、茅葺きという田舎屋風の外観を示しています。前面に開放された土間があり、瓦を貼り込んだ竃土が据えられています。

土間に面して三畳の茶室があり、また上段の間が懸け造り（舞台造り）になって接続しています。現在の建物は明治初年に焼け、同七年（一八七四）に再建されたものですが、もとの建物は金森宗和（一五八四〜一六五六）の好みであると伝えられています。『都林泉名勝図会《みやこりんせんめいしょうずえ》』や起こし絵図などによって詳しく知ることができる江戸時代の夕佳亭には、現状と変わりない構成がみられます。

寛文元年（一六六一）九月二十九日には後水尾院《ごみずのお》の御幸《みゆき》があり、夕佳亭の上段の間はこのとき付け加えられたと伝えられています。桂離宮新御殿は寛文三年の後水尾院の御幸に備えて造営されたもので、一の間には上段の間がつくられていますから、夕佳亭に上段の間が付加されたという伝承も十分にうなずけるところです。

当時の鹿苑寺の住持は、後水尾院と縁続きであり、江戸時代初期を代表する文化人であった鳳林承章《ほうりんじょうしょう》でした。彼が寛永十二年（一六三五）から寛文八年（一六六八）にかけて書き綴った日記『隔蓂記《かくめいき》』は、堂上《とうしょう》公家や上層町衆たちによる茶の湯や立花、詩歌の会などの様子に関する豊富な記事で知られています。この鳳林承章と親交があった宗和が鹿苑寺に茶屋を好み建てることは十分あり得ることですが、『隔蓂記』にはそのことを直接に示す記事は見当たりません。

鹿苑寺の茶屋に関する記事が初めて『隔蓂記』にあらわれるのは寛永十四年（一六三七）七月五日のことです。この日、兄の勧修寺《かじゅうじ》経広ら近親者を招いた承章は、茶屋で「酉水《ゆうすい》」つまり酒をすすめ、山上に案内しています。これより以後、茶屋が接待や遊宴に重要な役割をはたした様子が『隔蓂記』にしばしば書き留められています。例えば寛永十五年（一六三八）八月二日の様子は次のようです。

深々とした化粧屋根裏におおわれた月波楼

> 茶屋に於て薄茶を点て、酉水を酌す。野洲九郎右衛門歌謡を出し、刻を移す。茶屋に於て新茶、長井の極茶を点ず。山上に登り、提食籠を出し、少し酉水を酌す。各帰りて、閣上に到り、乗船す。座に入り、即ち饂飩《うどん》、其酒の中に餝飯を出す也。各泥酔する也

すなわち、初対面の客を交えて茶屋で薄茶を点て、酒を酌み交わし、謡を楽しんでいます。続いて「極茶」の新茶を点て、食籠《じきろう》を提げて小山に登って眺望を楽しみつつまた酒を酌み交わし、やがて山を下りて金閣に上がり、ついで舟を浮かべて食事をとり、泥酔するまで酒を飲んで、というふうに夏の一日を過ごしていたのです。

写真は桂離宮月波楼です。前面に大きく吹き放たれた土間を配し、竈土、長炉、袋棚がしつらえられています。一の間には天井を張りますが、全体が竹垂木、竹木舞《こまい》の化粧屋根裏で覆われ、丸太の束で支えられるという、軽快な造りをあらわしています。

ドイツの建築家ブルーノ・タウトが「これ以上単純であり、しかも

同時にこれ以上優雅であることはまったく不可能である」（『日本の家屋と生活』）と評した桂離宮（桂山荘）は、八条宮初代智仁《としひと》親王によって創立され、二代智忠《としただ》親王によってほぼ現在のように整えられました。慶安二年（一六四九）頃には山荘の造営はほぼ一段落していたようです。

その年五月晦日、山荘に招かれた鳳林承章は、智忠親王みずからの点前で茶の湯のもてなしを受けます。そして庭園内の五ヵ所の茶屋の一つひとつで酒宴を催し、歌舞を観覧、「楼船」に乗って酒を酌み交わし、濃茶を楽しみました。新築成った御殿（中書院）と茶屋の披露の宴遊であったと思われます。

承章が見た五つの茶屋は、月波楼《げっぱろう》、松琴亭《しょうきんてい》、賞花亭《しょうかてい》、笑意軒《しょういけん》と、現在は失われた竹林亭と考えられていますが、現存する四つの茶屋も、新御殿の造営とともに建て替えられ、現状の桂離宮の全容が整えられたと推定されています。

第二章　茶室と床の間

床の間―上段

写真は吉水神社（奈良県吉野郡吉野町）の書院です。吉水神社は、もと金峯山寺《きんぷせんじ》の一院で吉水院と称していましたが、明治の廃仏毀釈令《はいぶつきしやく》により改称されました。後醍醐《ごだいご》天皇の吉野潜幸に際してその皇居とされ、豊臣秀吉が文禄三年（一五九四）に催した吉野花見の折には本陣ともされています。平坦な土地が少ない山中にあるため、建物は斜面に張り出した懸け造りになっています。

現在社務所となっている書院には、源義経が弁慶らと逃避行の途次、一時身を寄せたと伝えられている「義経潜居の間」と呼ばれる座敷があります。

この建物をそこまで遡らせることはできませんが、押板を中心とした構えは、いかにもこうした所伝にふさわしい古格を帯びています。そのため、従来、書院造りの座敷として最古の遺構であるとされてきました。しかし、押板や違棚廻りと、柱や長押などの構造部材との年代に相違が認められるところから、室町時代に成立していた座敷に後世改変が加えられ、いまみるような構えにされたと考えられています。

十二畳の座敷正面には二間の間口いっぱいに奥行きの浅い押板が設けられ、向かって右の二畳敷きの部分は一段高くしつらえられています。このような部分を「上段《じようだん》」と呼んでいます。

上段には違棚があり、違棚と矩折《かねおり》（直角）に付書院風の地板が折れ廻っています。上段部分の天井は、屋根の構造をそのままあらわした化粧屋根裏となっています。庇《ひさし》（広縁）にあたる部分を囲って茶の湯の間（点茶所）としていた「殿中の茶」における構えを想起させる興味深い遺構といえます。

ところで、東求堂同仁斎《とうぐどうどうじんさい》には「床《とこ》」がない、と述べました。茶室にとって「床」は欠かすことのできない装置であり、その「床」を欠くという点において、同仁斎を茶室と全く等質のものとみるにはためらわざるを得ません。というわけで、「床」をめぐってしばらく稿を進めようと思います。

庇の側につくられた上段－吉水神社書院

「床」は中世住宅のなかに胚胎し、茶の湯の普及とともに日本住宅の室内意匠の中心的な装置として定着していきました。

ここでいう「床」の基本的な構えとは、座敷のユカ（畳面）に床框《とこかまち》を横たえて座中より一段高い畳敷きの座面をつくり、床柱と相手柱の二本の柱、及び天井からの垂れ壁を受け止める落掛《おとしがけ》によって形成される壁龕《へきがん》です。そこには書画や花、器物が飾られ、座敷の雰囲気は時季、集会の目的や趣向にふさわしく演出されます。

このような飾りの装置を備え、くつろいだ雰囲気のなかで主客が寄り合う文芸や遊芸の空間を母体に成立したのが、侘び茶のための座敷＝茶室です。

侘び茶は「物スクナク、浄ク、手カロクスル」（『数寄道大意』）境地を理想とし、そのため侘び茶の空間は極力、室礼《しつらい》の装置を省く方向に進みました。

初期の茶座敷（茶室）の様子を伝える『烏鼠集《うそしゅう》』や『相阿弥伝書《そうあみでんしょ》』には、「床」を設けただけの座敷図が記されています。その「床」には書画が懸けられ、花や、茶の湯の道具あるいは文房具を飾った棚や箪笥が置き合わされています。つまり、この「床」は、押板、違棚、付書院のついた会所の「床」の機能を一つに集約したものと考えられます。したがって、初期の茶室に構えられた「床」は、間口一間で畳一帖分に相当するほどの広さをもつことを原則としていました。

室町時代の武家の会所や寺院の住房などの「床」、あるいは「床」のある室の空間的性格や用途について検討すると、次のようなことが知られます。

すなわち、「床」は、儀式的空間からは除外された書斎や私室に付設されて、伝世の、あるいは進上された美術品を展観する装置としても用いられていたということです。

「床」という語は、貴人の座臥する台であった「牀《しょう》」を原義としています。その牀が造りつけになり、部屋の隅に一段高い場が形成されました。室町時代の「床」の空間的性格及び用途は、主として非儀式的な空間であり、私的な領域であったと推測されます。そして、文芸の場であった会所が飾りの場としての性格を強くするにともない、「床」の設けられた空間が、由緒ある美術品（唐物）の展観施設としての性格を付帯させていったものと考えられます。

このような「床」のある室に客を招くことは、堀口捨己博士によれば、「客にくつろぎの安らかさを与え、主人は、その客の居間に祗候する形を以って、最も譲った姿とし、それを礼」とする主人の姿勢を表現しようとするものでした。そのために「応接間であっても、居間の姿で組み立てられ」「くつろぎの間の姿をそのままに抱いた意匠」をもった空間が構築されたのです。草庵茶室の空間的性格や意匠の原型は、このような空間のなかに胚胎していたということができます。

一方、近世の書院造りには、座の尊貴性を表現する上段が成立します。天正年間（一五七三〜九二）にはこのことを確認することができます。

座が一段高い畳敷きのユカ面をつくる構造、また押板、付書院、違棚を併設する構成が、近世書院造りの上段と類似することから、茶室の「床」の起源は上段にもとめられると、広く考えられてきました。

しかし、上段の系譜をたどってみると、別の建築的、あるいは空間的性格があらわれるように思われます。茶室の「床」は、書院造りのなかでは、本来私的な領域を結界した上段と、座敷飾りの装置である押板の複合体として、さらにそのなかに違棚や付書院の機能をも集約、包含して成立したと考えられます。

吉水神社書院や光浄院客殿などにみられるような、押板、付書院、違棚を付設した上段は、本来はユカを一段高く構成することによって、より明確に結界された私的領域であり、室礼の装置であったと思われます。したがって、それらが縁や庇に張り出すことが多いのは、「床」＝上段の本源的な性格に由来していると思われるのです。

茶室の侘び化（草庵化）とともにさまざまな工夫が加えられて、多様な形式の床が創出されていきます。床は、狭小な茶室の空間にゆとりやくつろぎを与えるのにも大いに働いています。

台目床―不審菴／又隠

茶室の床（床の間）は、狭い空間にゆとりを与えるのにも効果的であり、茶室の侘び化と同時進行してさまざまな工夫が加えられます。そして、多様な構造形式や手法をもつ床がつくられていきました。

四畳半以下の茶室（小間《こま》）にもっとも一般的に用いられている床の形式は、間口が四尺（約一二一cm）ほどのもので、台目床《だいめどこ》といいます。

「茶の湯開山」と称される村田珠光の功績は、寄合の伝統を基礎にして、親密な人間関係の樹立を目指す茶の方式＝「侘び茶」を確立したことにあります。

その珠光の茶座敷は四畳半で、「真座敷とて鳥子紙《とりのこ》の白張付《はりつけ》、杉板のふちなし天井、小板ぶき」（『山上宗二記』）と伝えられています。

建築的構成や座敷飾りの方式は、書院風を踏襲していたことが知られます。屋根も、宝形造《ほうぎょう》りであったといいますから、仏堂風なたたずまいでもあったようです。けれども、唐物による荘厳《しょうごん》から脱却し、「物数など略」した、侘びの美意識が芽生え、進展していたのも確かなことです。

珠光の茶室の床構えは、間口は一間、深さは半間あり、畳一帖を敷くことができる大きさの一間床でした。これに一層の侘びの要素を導入したのが武野紹鷗です。紹鷗が堺の屋敷につくった四畳半の茶室の床は、間口が一間ありましたが、「床ノフカサ二尺三寸」（同前）となっていました。これは茶の方式の大きな変化、すなわち棚や台子を床に飾ることがなくなり、茶器を直接座中の畳の上に置き合わせるようになったことによるものです。

この茶室は檜《ひのき》の角柱、白の張付壁で、書院造り風の格調を保っています。しかし、床框は真塗りではなく、「クリノ木、カキアワセニクロク十遍バカリヌル」（同前）とあり、草体化への傾倒が認められます。

不審庵点前座の端正な構え

利休も、初めは珠光や紹鷗の先例に倣《なら》って一間床を構えていましたが、天正十一（一五八三）、十二年頃、大坂屋敷につくっていた三畳台目の茶室で初めて間口五尺の床（五尺床）を構えたことを、山上宗二は伝えています。また大徳寺門前屋敷の四畳半にも五尺床を構えました（『江岑夏書』）。

天正十三、四年頃、子息少庵がその二条屋敷に構えていた二畳半に、四尺という狭い間口の床を試みているのを見た利休は、直ちに四畳半の五尺床を四尺三寸（約一三〇㎝）に縮めたという話が伝えられています（同前）。

ここに至って「台目床」と一般にいわれるような、およそ台目畳ほどの幅をもつ床が設けられるようになったと考えられています。ただし、四尺三寸に縮めたのは、利休のもう一人の子息道安で、利休もそれに従ったのだという異説を伝える伝書もあります。

いずれにしても、四畳半だけでなく、四畳半以下の茶室にも一間床を設ける風潮が強かった時期であったことを思えば、利休のこうした試みの先進性を認めざるを得ません。珠光、紹鷗以来の侘び茶の草体化を、利休は床の間口を狭めることによって、一層の進展をはかったのです。

前頁の写真は不審菴《ふしんあん》（表千家）です。

利休の賜死後、本法寺前の地に千家を再興した少庵は、深《ふか》三畳台目と二畳の茶室をつくっていました。少庵の死後、宗旦は利休所持の障子や躙口《にじりぐち》を用いて「床なしノ一畳半」をつくり、「不審菴」と名付けています。不審菴の額は、利休の大徳寺門前屋敷の四畳半に掲げられていましたが、再興後の屋敷にも千家の象徴として掲げられたのでしょう。

この不審菴は宗旦の子江岑《こうしん》に受け継がれます。正保三年（一六四六）、江岑は新たな平《ひら》三畳台目の茶室をつくりました。これが現在の不審菴の原形です。不審菴は天明八年（一七八八）の京都大火までは残月亭《ざんげつてい》の南に接していましたが、大火後は現在のように東に離れて建てられました。明治三十九年（一九〇六）にも焼け、大正二年（一九一三）に再建され、現在に至っています。

横に長い三畳台目で、右隅に躙口が開けられています。点前座と客座との間に赤松皮付きのまっすぐな中柱を立て、袖壁には横竹を入れて下方を吹き抜き、二重棚の下棚を横竹から少し下げており、利休流の典型

躙口正面の台目床と左隅の楊枝柱

的な台目構えが再現されています。

床は躙口の正面に位置し、その隣に給仕口が開けられています。赤松皮付の床柱、檔《あて》丸太（成長過程で癖のついた丸太）の相手柱、北山丸太の床框が取り合わされた、端正な台目床が組み立てられています。

上の写真は又隠《ゆういん》です。

利休が聚楽《じゅらく》屋敷に構えた四畳半は現存しませんが、その姿は彼の道統を中心によく伝えられてきました。それは裏千家の又隠に代表されます。

正保三年（一六四六）に隠居した宗旦は、承応二年（一六五三）、隠居屋敷を江岑に譲って再び隠居します。その年末に席披《せきびら》きが行われた茶室が又隠で、利休の極めた四畳半が再現されています。躙口前の飛石は、宗旦の「豆撒《まめまき》石」として名高いものです。

現在の又隠は寛政元年（一七八九）に建て替えられたものです。抑制された窓の数や大きさ、その配置、低い天井、壁の入隅《いりすみ》の柱を一部だけ見せて残りを塗り込めて消した楊枝《ようじ》（子）柱の手法など、侘びに対する姿勢が強化された、草庵の茶座敷の構えがあらわれています。

床は台目床で、躙口の正面に配され、杉丸太の床框に、手斧目《ちょうな》を施した檔丸太の床柱が取り合わされています。

ところで、二つの茶室の床框は直接畳の上に置かれていますが、文献や遺構に見られる初期の床（上段を含む）の構造形式には蹴込《けこみ》式のものが多数あります。例えば、松屋久栄が永禄年間（一五五八〜七八）につくっていた四畳半茶室の床（間口一間、奥行三尺二寸）は、「床カマチノ下壁、敷居トノ間ニ壱寸三分板アリ」（『茶湯秘抄』）と、床框と畳との間に板（蹴込板）が嵌《は》め込まれていました。このような形式を蹴込床といいます。前項で取り上げた吉水神社書院の上段もこの形式でした。

蹴込が入っているのは、床の原形である「牀」の名残、つまり床の座面がユカから持ち上げられた状態を留めているのであり、古形を示すものと思われます。茶座敷（茶室）が低平な空間を目指す動きのなかで蹴込は消滅し、畳の上に直接床框を置く形式に変化していったとみられます。

室床――待庵／澱看席

茶の湯の空間の草体化にともない、床にも侘びを追求する様々な工夫が加えられていきます。妙喜庵《みょうきあん》（京都府乙訓《おとくに》郡大山崎町）の茶室待庵《たいあん》の床は「室床《むろどこ》」と呼ばれており、つきつめられた侘びの表現をみることができます。床の改革には、床は名物を飾る場所だという既往の観念の打破がどうしても必要でした。名物を拒否して侘び茶の純粋さを獲得しようという意志をはっきりと示したのです。

室床は、おそらく利休によって初めて試みられたと思われます。しかし、利休もかなりの期間、珠光、紹鷗以来の「張付壁」、「一間床」という伝統的な形式にとらわれていました。大徳寺門前屋敷の四畳半で、利休は室内の壁を張付壁から土壁に改めましたが、床の壁は「うすすみ（薄墨）色」の張付壁としています。白張付ではなく薄墨色を用いることで侘びた表現になってはいますが、依然として張付壁を踏襲しているのは、利休が伝統から脱しきれないでいたことを示しています。

しかし、利休は「荒壁に掛物が面白い」といって、聚楽屋敷の四畳半で、ついに床の中の壁も土壁としま

荒壁のまま仕上げられた待庵の室床

した。そして、室床を創出するに至るのです。

堺の利休屋敷にあった四畳半の床は「とこ天井ほら（洞）、すみ（隅）ぬりまわし」（『和泉草』）であり、また大徳寺門前屋敷の二畳の床は、「ぬり天しやう（塗天井）のたかさおとしかけ、したは（下端）より一尺のほら（洞）」（『座敷之本』）とありますから、いずれも室床であったことが分かります。

前頁の写真は待庵です。

待庵は利休好みと認めうる唯一の遺構です。秀吉の山崎合戦にともなって山崎に屋敷を構えていた利休が、天正十年（一五八二）頃、その中につくっていた茶室を後に現在地に移し建てたとみられています。炉の入隅の柱を消して壁を連続させ空間を大きく見せる手法、化粧屋根裏を導入した立体的な天井の構成などによって、二畳隅炉の内部には豊かな空間がつくりあげられています。また窓の大きさ、配置、敷鴨居と戸当たりによって分割された壁面の構成は、比類のない調和による緊張感を示しています。

侘び茶の深奥を極めようとした利休の全人格が、このような深い求道性をたたえた、侘びの極致ともいうべき造形として具現されています。

待庵の床は、室内の壁と同じく藁苆《わらすさ》を散らした荒壁で隅を塗り廻し、さらに天井まで土壁を塗り上げています。隅を消すことによって、床の空間に広がりが生じているのです。

床天井の高さは床畳から約五尺三寸（約一六〇㎝）となります。利休は比較的低い床天井を好んでいたといわれていますが、聚楽屋敷の二畳は六尺一寸五分、同じく四畳半は六尺四寸ですから、これらに比べてもずいぶん思い切った低さであることが分かります。床のすべての空間を土で塗り廻すために大きくできないという、技術上、構造上の制約もあったのでしょう。しかし、それだけの理由で低められたのではありませんでした。

床天井を低くし、床の間口を縮めたのは、掛物は侘び茶にかなう小幅なものだけに限るという、利休の思想から生じた建築表現に他ならないのです。掛物が長くて掛けられないときは、「巻いて置けば好い」とまで言い切っています。

天正五年（一五七七）十一月一日、利休は津田（天王寺屋）宗及《そうぎゅう》ともに、山上宗二の茶会に招かれました。『天王寺屋会記』（宗及他会記）によると、

炉ニはおち（羽落）、自在ニ、手桶

床　墨蹟、まきて直（置）、後ニかけ

とあって、宗二は床の大平壁《おおべら》（正面の壁）に掛けるべき墨蹟を巻いたまま置いていました。このような経験にも利休は示唆されるところがあったのでしょう。

待庵の床框は、正面に大きな節が三つもある丸太です。床框は本来黒漆塗（真塗）とするのが正式の床構えであり、塗框は名物に対する尊敬の建築表現でした。そしてその草体化は真塗を薄塗、または白木にすることから始められました。利休は待庵において、塗框とはまったく対極的な自然木を選び、名物と等価に位置づけられた侘びに対する深い思い入れを表しました。とはいえ、左端から中ほどにかけて丸みを帯びた面（坊主面）が取られています。塗框は角材で面（四十五度に角を切る）を取りますから、坊主面はその草体の表現といえます。待庵の床框は丸太ではありますが、面取り框のもつ品位を失っていないのです。

床柱は、かなり高い所までつらをつけたすらりと細い北山丸太（杉）、落掛には下端に少し皮（樹皮）を残したものが取り合わされています。

室床でしかも板床という澱看席の床構え

待庵において、床構えの侘び化は究極に達したといえるでしょう。名物を拒否して、侘び茶の純粋さを獲得しようという意志をはっきりと示し、張付壁に塗框という尊貴な意匠への激しい反発を、利休はこのような造形として表現したのです。

写真は京都黒谷《くろだに》金戒光明寺《こんかいこうみょうじ》の塔頭西翁院《さいおういん》にある茶室澱看席《よどみのせき》です。

本堂の西北に接続する三畳敷きの茶室が澱看席で、貞享二（一六八五）、三年頃に藤村庸軒《ようけん》が好み建てたと伝えられています。当初は金戒光明寺の山号紫雲山に因んで「紫雲庵」と呼ばれていましたが、点前座勝手付の窓から淀（京都市伏見区）の辺りまで遠望できたとされ、澱看席と称されるようになりました。

この茶室の特色は、客座と点前座との間に中柱を立てて仕切り壁を設け、火灯口をあけた宗貞囲（道安囲）の形式になっていることです。床は下座床で、躙口の正面に位置しています。墨蹟窓があけられていますが、室床の形式です。しかも床畳ではなく、三枚の板をはぎ合わせて張っており、総化粧屋根裏の天井とともに、侘びた構えとなっています。

室床は武家茶人の間でも好まれました。

細川三斎は利休の後継者として、利休の茶風を忠実に継承したと評されています。この三斎が京都吉田の屋敷に構えていた茶室には、室床がつくられていました。床柱は栗の皮付、相手柱は杉柱という侘びた構えでしたが、床框は黒塗の「真ノカマチ」でした。室床と真塗框という取り合わせに、侘びに対する深い志向と、武家的な伝統感覚が映されているのを読みとることができます。

原叟床・桝床──清香軒／桝床席

床框は、床の座の部分を一段上げて座中と結界する部材です。また、床框は貴人や名物（由緒のある名品）に対する敬意を表現するものとして扱われました。それゆえ、黒塗の框が真の框とされ、床框の仕様や有無は、名物の所持と深く関わっていました。

床かまちなとに心を付ることハ、古来様々の習ひの有事也（『杉木普斎伝書』）

と説かれ、床框には特別な関心が払われてきたのです。

したがって、床の草体化を進める上で、床框の草体化は重大な対象でした。

式正の座敷にも板床ハあるものなれとも、数寄屋の板床は侘の躰なり（『石州三百ヶ条』）

とあるように、床の座の部分を板敷きとするのは侘びた構えとされます。そして、さらに框を省略して座の高さを取り除き、客座、点前座と一続きにした構えが工夫されました。それは「踏込床《ふみこみどこ》」（敷込床）と称されます。

踏込床の創出には、利休の息子少庵が深く関わっていたとされ、

少ふんこミ（踏込）の床被成候、今芳春院ニ在之（『江岑夏書』）

とか、

カマチなしに座と一様なるをいふ、少庵好（『茶道筌蹄』）

などと伝えられています。

踏込床の一形式に「原叟床《げんそうどこ》」といわれるものがあります。表千家六代覚々斎原叟（一六七八〜一七三〇）は、斬新で自由闊達な茶風をもっていました。原叟床はその創案になるといわれますが、確かなことは分かりません。

原叟床は、畳と同じ高さに地板を敷き込み、床の間口、奥行きを画する位置に柱（床柱）を立てることによって、床の空間をあらわす形式です。床框を省略しながら、床の領域が示されるのです。

近世初期には、床の間口は台目以下、奥行きも半間以下に縮小された大きさに定着していましたから、原叟床では地板が床の座にあたる部分よりも広くなります。ここに原叟床の特徴を見出すことができます。

客座、点前座と一続きに構えられた原叟床は、座敷の空間と一体になり、席中にゆとりと広がりを与えます。同時に、床にあたる部分の余剰の地板は、席中の働きと有機的な関わりをもつことになります。つまり、

原叟床に角竹の床柱を立てた清香軒の床構え

客畳は床前の地板を隔てることによって、上座を余すことなくいっぱいに使うことが可能になります。また、点前座の先も、床脇の地板によってゆったりとし、通常とは異なった亭主の働きも可能になるのです。

写真は、金沢兼六園《けんろくえん》内にある成巽閣《せいそんかく》につくり込まれた茶室清香軒《せいこうけん》で、書院八畳に隣接し、庭園「飛鶴庭」に面しています。書院軒端近くには、後藤程乗《ていじょう》作と伝える六地蔵の手水鉢《ちょうず》が据えられています。

成巽閣は、十三代加賀藩主前田斉泰《なりやす》が母真龍院のために営んだ隠居所で、文久三年（一八六三）に完成しています。城の東南に位置するところから「巽《たつみ》新殿」と名付けられ、真龍院が亡くなられた後は「成巽閣」と改められて現在に至っています。

清香軒の二方には庇が廻り、深い土間庇が形成されています。飛鶴庭から細流が引き込まれて土間庇を貫流し、流れの中に沢飛びの石が打たれています。また延段、沓脱石《くつぬぎ》が配されており、深い雪に閉ざされた季節にも、内露地《ろじ》としてのまとまった景色と役割を備えています。

内部は三畳台目。貴人口の障子には腰板をつけず、上部に欄間《らんま》窓をあけ、また矩折にあけられた躙口も二枚建てで、土間庇に面した壁面は開放的に構成されています。

床は原叟床の形式です。台目一畳大の地板の上に角竹の床柱を立てています。入隅に楊枝柱をみせ、大きめの墨蹟窓（障子は外側に掛けられている）をあけた、端正な床構えが瀟洒《しょうしゃ》に組み立てられています。床脇は点前座で落天井とし、炉は向切としています。客座天井は、華奢な竿縁《さおぶち》の平天井です。

全体四畳半の広さのなかに、半間四方の踏込床を設けた作例があります。地板が方形であるところから、このような床を「桝床《ますどこ》」と呼んでいます。『不白筆記《ふはくひつき》』に、

間中《まなか》（半間）ノ床有リ、覚々斎抔《など》多遣ウ

とあって、桝床も原叟の考案になると伝えられていますが、確かなことは分かりません。

桝床の床構えは、大徳寺聚光院《じゅこういん》にある桝床席《ますどこのせき》、武者小路千家の半宝庵《はんぽうあん》などに好例を見ることができます。

写真は、大徳寺塔頭聚光院の茶室桝床席です。聚光院は利休の墓所となっています。

狩野松栄・永徳父子の襖絵で知られる客殿（本堂）東北方の書院に、二つの茶室がつくり込まれています。

桝床席は、閑隠席《かんいんのせき》（平三畳）の東に水屋を隔てて接続しており、桝床の構えがそのまま席名になっています。

正方形の地板に赤松皮付の床柱を立てた桝床席の構え

閑隠席と兼用する水屋の物入れの襖に記された墨書によって、桝床席は文化七年（一八一〇）頃につくられたとみられるので、原叟の作為が直接加わったものではないようです。

客入口は貴人口とし、客座二方の隣室との間は腰高障子を建てた、開放的な構成をとっています。貴人口の高さや天井の高さを抑え、茶道口にも本来の寸法を踏襲して、茶室としての節度が守られています。

桝床の茶室では、床と並びの一畳が点前座で、床脇の下方を吹き抜き、炉は向切にされます。したがって床脇は風炉先にあたり、袖壁には下地窓をあけています。

床柱は赤松皮付で、点前座からは中柱を兼ねることになります。床柱と点前座とを結合させた巧妙な床構えということができるでしょう。

桝床にも、構成の原理や席中での働きという点において、原叟床と共通の要素が認められるのです。

壁床——今日庵／知水亭／無色軒

貴人の座の象徴として、また座敷飾りの場として、床は茶室にとって不可欠な存在です。それ故に、茶室には最初から上段形式の床が設けられました。

そして、そこに侘びた創意工夫が加えられ、床の草体化は茶室の空間構成と連動しつつ進められていきます。ついには、壁龕としての床の空間性は解体され、一枚の平坦な壁面を床に見立てるという、象徴的な手法による床が描出されるに至りました。

それは決して床の存在を否定するものではなく、究極の侘びの造形表現であるということができるでしょう。この床の形式を「壁床《かべどこ》」と呼んでいます。

紹鷗の時代にも床のない茶座敷があり、そのような座敷では大平壁（正面の大きな壁面）に掛物や花が飾られました。紹鷗も晩年には、道具（名物）所持の有無に関係なく、茶室には床を設けるべきだ、との境地を表明していますが、当時は、

　床ニ置ベキ物モ不持人ハ、床ナシノ座敷相応タルベシ（『分類草人木』）

と記されるように、床はまだ名物との関わりに支配されていました。したがって「床ナシノ座敷」といっても、それは究極的な侘びの造形表現である壁床とは、発想を異にするものでした。

奥行きも高さももたない壁床は、もはや「座」としての機能を否定するものであり、暗示的な手法によって一枚の壁面が象徴的に床としてはたらくという、侘びの理想に適った形式であるといえるでしょう。

写真は今日庵《こんにちあん》です。

正保三年（一六四六）、宗旦は家督を江岑に譲って隠居屋敷を構えました。そのときつくられた茶室は、一畳半向板入りという、現在の今日庵と同じ構成であったことが知られています。

今日庵では一面の壁が床に見立てられている

今日庵は、侘び茶を象徴する茶室として、裏千家において建て継がれてきました。天明八年（一七八八）の京都大火に類焼し、文化四年（一八〇七）に再興されたのが、現在の今日庵です。裏千家を代表する茶室であり、裏千家全体を指す呼称としても使われています。

内部は、一畳台目に向板を加えた全体が二畳敷きの広さです。天井は竹垂木《たるき》、竹木舞《こまい》の総化粧屋根裏としています。奥の方でもっとも高くなった、茶道口のあけられた壁面が床に見立てられ、掛物釘が打たれています。この壁面に腰張りがされていないのは、床としての扱いによるものです。

炉は向切で、炉の先に向板を入れて中柱（辛夷《こぶし》丸太）を立て、袖壁が下までついています。

向板ハ宗旦好也、是ハ床ノ付られぬ侘夕座敷へ床の替リニ御好披成候（『不白筆記』）

とあるように、向板は、床の無い侘びに徹した構えのなかで、「床の代り」という作意から発想されたものでした。

袖壁によって囲われた向板の空間は、壁面だけで表された壁床に対して、座の部分として設定されたものとみられます。中柱に花入釘が打たれているのは、そこに床柱の性格が重ねられているからです。

宗旦が四十歳の頃、祖父利休がもっていた障子や躙口を使い、利休の寸法によって一畳半（一畳台目）を好んでいたことが知られています。

この一畳半は、宗旦の書状に、

花も掛物も不入候て、床無しノ一畳半ニ候へ共、中柱のへいニ右ノ軸ハかけ候ハてハ不叶

と記されているように、床のないものでした。そのため、茶道口のひらかれた大平壁が床に見立てられ、掛物釘と花入釘が打たれていたのです。床のある一畳半もつくっていましたが、利休に傾倒していた宗旦にとっては、床のない一畳半においてこそ、深い侘びの境地にふさわしい空間ができたのでしょう。

この今日庵を本歌とするのが大日本茶道学会の知水亭《ちすいてい》です。もと前田瑞雪が好み、京都木屋町にあったものが、田中仙翁氏によって移し建てられました。

写真は裏千家の無色軒《むしきけん》です。寄付に相当する座敷で、四代仙叟（一六二二〜九七）の好みと伝えられています。寒雲亭《かんうんてい》と中坪（中庭）で隔てられていますが、もとは寒雲亭柳の間と廊下で繋がれていました。西側北寄りの壁面一間が床に見立てられ、掛物釘が打たれています。この部分だけは白の張付壁とし、改まった意匠とされています。なお、寒雲亭の西に無色軒かと推測される座敷が接続していた様子を伝える図が見出されています。

白張付で威儀を正した無色軒の壁床

全体は六畳で、東側半間通り（二畳）の天井を化粧屋根裏とし、一畳分を点前座、残りを榑縁《くれえん》張りの板の間としています。他の四畳分は、やや太い小丸太の竿縁天井を張っています。

点前座風炉先の下部は吹き抜き、上部に下地窓をあけており、角に立つ太い柱は点前座にとっては中柱に、板の間を床に見立てれば床柱に、それぞれ見立てることができます。このあたりの組み立ては桝床に通じるところがあります。点前座勝手付につくりつけられた棚が、名高い「釘箱棚」です。

奥行をもたない床に「織部床」という形式があります。それは、床に見立てた壁面上部の廻縁《まわりぶち》下端に、板あるいは竹を入れて掛物釘を打ち、壁に柱を立てて花入釘を打った床構えのことです。

もっとも抽象化された床の形式である壁床には、床を示唆する要素はなにも用意されていません。したがって、床を中心とする座中の働きが不明となってしまう場合がときに生じます。ところが、壁面に一本の柱が立ち、横板が入ると、とたんにその部分は床らしくなります。幅七、八寸（約二十一〜二十四㎝）の横板を織部板といいます。横板の代わりの竹は、織部板の抽象化された表現とみることができるでしょう。織部板といいますが、必ずしも古田織部の創意になるものではないと思われます。

ながく張付壁であった床の壁は、利休の改革によって土壁になりました。そうすると、土壁に接する掛物を傷めないように配慮する必要が生じてきます。壁の表面から少し浮き出た織部板は、そのような心遣いから発想されたのでしょう。したがって、織部床は壁床に限らず、さまざまな床構えに用いられています。

亭主床――慈光院茶室／湘南亭

茶室の間取りを決める上で、床の配置は重要な要素となります。床があることによって、平等な座にも高下、すなわち、上座、下座という関係が秩序づけられるからです。

茶室は客座と点前座とから成っています。普通は床前が上座とされるので、床は必然的に客座の側に設けられることが多いのです。一方、こうした通例にとらわれないで、点前座の側に床を配することも行われます。

「数寄の巧者」といわれ、如庵《じょあん》（岐阜県犬山市）に代表される独創的な茶室をつくった織田有楽《うらく》は、床についても、通例にこだわらない自由な配置を試みました。

有楽は、大坂天満《てんま》にあった屋敷にいくつかの茶室をつくっています。その一つ、二畳台目の茶室の床は点前座の勝手付に設けられました。このような位置にある床を「亭主床」といい、ここで初めて試みられたとみられています。この茶室は「元庵《げんあん》」と名付けられ、犬山城下有楽苑に移された如庵の傍らに復元されています。

有楽はこのほかにも、客座を挟んで床と点前座を向かい合わせに配したり（宇治の三室戸《みむろど》寺から横浜の三《さん》溪園《けいえん》に移された「春草盧《しゅんそうろ》」）、点前座のすぐ背後に床を配するなど、自由な床の配置によって、斬新な茶の空間を創り上げていました。

一方、床前を上座とする原則を否定する、近衛予楽院《このえよらくいん》（家熙《いえひろ》、一六六七〜一七三六）の次のような見解も伝えられています。

当流ノ人ハ、勝手ニカマハズ、兎角ニ床ヲ上座トシテ坐ス、御流儀ニハ、床ニハカマハズ、何デアラウト、勝手口ヲ下座ニスルトサヘ合点スレバ好シ（『槐記』）

座の高下を定める指標を床に求めず、勝手口を下座とするこの考え方は、貴族や武家の間で特に支持されました。この考え方に従えば、床は自由に配することが可能になるのです。

次頁の写真は、大和《やまと》小泉（奈良県郡山市）慈光院《じこういん》の茶室です。

小泉城主片桐石州《せきしゅう》は両親の菩提をとむらうべく慈光院を創立し、小高い勝景の地に方丈（書院）や本堂を

客席からもっとも遠い位置に置かれた慈光院茶室の床構え

造立しました。茅葺き入母屋造りの田舎屋風なたたずまいをみせる書院は、恵まれた眺望を掌握すべく、開放的に構成されています。

茶室は二畳台目。書院より七年ほど後、書院東側広縁の北端に、二畳の控えの間を隔てて建て継がれました。石州が好んだ唯一の遺構で、有楽の二畳台目とよく似ています。

火灯口形式の茶道口を入ってすぐ左手、客座からもっとも奥まったところに床が位置しており、これを「うしろ床」と書いた記録もありました。躙口を隅にあけず、端に少し壁を残しているのは、端から躙り入るのを避けた武家らしい感覚によるものでしょう。躙口上の柱間いっぱいに連子窓をあけた、珍しい外観を組み立てています。

天井の竿縁は床に直交しています。これを「床指し（床刺し）」といいます。「刺す」という語感が不吉とされたこと、また竿縁と床柱の中心を合わせるための調整が必要であることなどから、江戸時代以降は、竿縁は床と平行に配列するのが一般的になっていきます。床指しの建物は多分に古い手法を伝えているといえます。園城寺光浄院客殿も床指しでした。

石州はこの床指しをよく好みました。書院も床指しになっています。中柱と袖壁が手前にあるため、床は客座からは一層奥深く位置しているように感じられるのです。床に向かう竿縁も、その効果を増幅させています。

床は室床ではありませんが、入隅を塗り廻しているのは石州の一貫した好みでした。石州は室床に塗框を取り合わせて、武家風な感覚の床構えを好んでいましたが、ここではもう塗框を使わず、杉丸太を床框に使っています。

中柱は櫟《くぬぎ》の皮付で、ほぼまっすぐ立ち上がり天井に近いところで強い彎曲をみせる、という個性的なものが選ばれています。

「常の躰」で掛物を掛け、独り茶を楽しんでいるところに客を通す、という石州の茶の構えが、点前座に床を結びつけた亭主床に示されています。中世の会所に設けられた「床の間」のあり方を、最も正統的に伝える床構えといえるのかもしれません。

次頁の写真は洛西西芳寺《さいほうじ》（通称「苔寺」）庭園内の湘南亭《しょうなんてい》です。

湘南亭は夢窓国師の時代からあった庭園建築の一つですが、現在の建物は、千少庵が晩年の隠居所として再興したと伝えられています。少庵は慶長十九年（一六一四）に没していますから、慶長年間のこととなります。その確証はありませんが、露台、茶室、次の間（六畳）、長四畳、板敷きの待合がL字形に連なる構えは、世の煩《わずら》わしさを避けた人の住まいとしての機能をよく備えているように思われます。

茶室は四畳台目。長四畳の客座に台目の点前座を付け、炉は台目切りとしています。茶室への入口は貴人

湘南亭の床も、点前座勝手付に設けられた亭主床である

口で、奥行きの浅い縁が付いています。

点前座には中柱を立て、袖壁に横木を入れて下部を吹き抜き、入隅に雲雀《ひばり》棚を釣っています。点前座の周辺に主要な装置が集約されていますが、そうすることによって、客座は庭園に対して開放されています。

床は点前座勝手付に設けられ、亭主床の構えをみせています。墨蹟窓をあけた板床で、床柱は栗のなぐり、それに北山丸太（杉）の框を取り合わせています。

点前座に並び、客座中央に付書院が配されていますが、地板は低い所に取り付けられており、明り床のように感じられます。火灯窓は頂部が丸く、木瓜《もっこう》形が横に開いたような輪郭を示しています。

茶室には、点前座と床との位置関係から「上座床」、「下座床」という呼称があります。すなわち、点前座に亭主が坐したとき、その前方に床がある場合を「上座床」、逆に、後方に床がある場合を「下座床」と称しています。

第三章　窓のデザイン

墨跡窓・花明窓―閑隠席／庭玉軒

床の側壁に窓をあけることがあります。この窓は、床の掛物に光をあてることを第一義とするところから、墨跡窓と称されています。壁の一部を塗り残す下地窓《したじ》の形式です。

床ニ下地窓悪シ（『利休居士伝書』）

利休座敷に、床の内に窓は無之（『茶道旧聞録』）

と伝えられ、また、

床の内の窓は古織好也、夫故織部窓といふ（『南方録』）

と伝えられることから、墨跡窓は古田織部の創意工夫になるといわれています。

確かに利休は墨跡窓を好んでいなかったようですが、「床のまと」（『草人木』）をあけた利休座敷や、床に「大下地窓」をあけた「利休ノ図」（『片桐貞昌大工方之書』）も伝えられており、織部以前に利休自身がすでに墨跡窓を試みていたのです。

天正十五年（一五八七）十月一日、豊臣秀吉が北野神社境内の松原において催した茶会は、「北野大茶会」として知られています。『兼見卿記《かねみきようき》』京都吉田神社の社家吉田兼見の日記に、

経堂より松梅院に至る近辺、悉くこれを造る、一間（軒）明く所無し、八百余これを造る

と記されるほど多数の茶室や茶屋が建てられました。

この大茶会に秀吉の茶堂として臨んだ利休の茶室は四畳半で、台目床《だいめどこ》を構えていました。そしてこの床の側壁にも、入隅《いりすみ》の柱に寄せてあけられた異色なものではありましたが、下地窓（墨跡窓）があけられていたのです。

一方、織部は、

床ノ中ノ窓、是ハ床江明入候程トノ為明ル、又花ヲ可生為也（『古田織部正殿聞書』）

と述べています。つまり、床にあけた窓は、本来は床の内側への採光を目的としているが、同時に花入を掛ける所でもあるというのです。これが「花明窓《はなあかりまど》」といわれるものです。花入釘を打つために下地に細い竹を添えます。同時に、掛障子は室外に掛けるため、下地が室内にあらわれることになりました。

織部の茶室は多窓であることが一つの特徴です。

数寄屋之窓ヲ多ク明ル心得之事、何レモ明リ可取トノ事也。色紙窓明ノ為斗《ばかり》ニ非ス、座敷ノ景ニ成故也（同前）

とあるように、多数あけられた窓は座敷を明るくし、開放感を添えます。それはまた「座敷の景」、つまり座敷に景趣を添える意匠的な効果を意図したものでもあったのです。墨跡窓に花入を掛けるというのは、織部のこうした姿勢によるものといえるでしょう。

このような織部的な墨跡窓の扱いは、江戸時代初期から普及をみ、金森宗和（一五八四〜一六五六）の作風において一層強調されました。

金森宗和ハ勝手ノ方へ窓ヲ必アケシナリ、右勝手ノ方へ窓ヲアケシコト古ヨリ嫌フヲ不知シテアケシカ

閑隠席には躙口上の連子窓と床の墨跡窓しかない

宗和好みの庭玉軒は織部風が踏襲されている

縦《たとえ》不知トモ気ノ付ヘキ窓ナリ、宗和一世ノ誤ト其比沙汰有之
（『茶譜』）

といわれるように、もはや採光不能な側にあけられることが試みられるようになったのです。

墨跡窓や花明窓が座敷の中心的存在である床の尊厳を損ない、構成上の安定感を欠くことを懸念した利休は、その乱用を戒めました。一方、それらは武家や貴族の茶室では好まれ、普及をみました。しかし、利休以後の千家では、若干の例外を除いて試みられることはありませんでした。墨跡窓を織部の着想とする所伝は、このような事情によるものだったのでしょう。

前頁上段の写真は閑隠席《かんいんのせき》です。大徳寺塔頭聚光院（前出）の茶室桝床席と同じ書院につくり込まれています。

閑隠席は利休百五十回忌に際し、寛保元年（一七四一）に表千家七代如心斎が寄進したものとみられます。平三畳ですが、点前座が丸畳（一畳）で炉は上げ台目切、そして中柱が立っているので点前の上からは二畳台目と同じ構えになります。

窓は躙口《にじりぐち》上の連子窓《れんじまど》と床の墨跡窓だけです。明りが極度に抑制され、簡素な用材の取り合わせと簡潔な構成を通じて、求道的な雰囲気が創出されています。

前頁下段の写真は庭玉軒《ていぎょくけん》です。

大徳寺塔頭真珠庵《しんじゅあん》の書院通僊院《つうせんいん》の東北に付属した茶室で、金森宗和の好みとして知られています。その華麗な茶風は「姫宗和」といわれ、とくに貴族社会の支持を得ました。通僊院は、東福門院《とうふくもんいん》の旧殿を移したとも、正親町《おおぎまち》天皇女御の御化粧殿を移したとも伝えられています。

客殿（本堂）東側の七五三の石組の庭から露地《ろじ》門を入り、飛石《とびいし》に導かれて入口に向かいます。通僊院の東庭は露地としても工夫され、書院の縁が腰掛けに当てられています。南側正面にあけられた潜りを入ると中は土間で、再び飛石が打たれています。西南隅に小振りな蹲踞《つくばい》、西北隅に二重の刀掛《かたなかけ》が釣られており、内露地の施設が一坪半ほどの中に屋内化され、圧縮されています。

座敷への上がり口は潜り形式の反復を避け、腰障子を引違い建てとしています。通い口も太鼓襖《たいこぶすま》の引違い建てとし、二畳台目に出炉（台目切）という最小限の広さの茶室にゆとりを生み出しています。通い口の内法高は低く抑えられており、天井との間の小壁を長くみせています。

点前座に中柱を立て、雲雀棚を釣っています。勝手付の色紙窓とともに、織部風の構成を踏襲しています。

床は畳敷き。栗のなぐりの床柱、大きな削り目をつけた磨き丸太の床框という取り合わせです。

床前の天井は蒲天井、残りの客座一畳は化粧屋根裏。点前座は落天井ですが、もとは総屋根裏に近い構成であったことが、修理工事によって明らかにされています。

下地窓―咄々斎／清漣亭

前項で床の間にあけられた窓―墨跡窓・花明窓について紹介しました。この二つの窓は「下地窓」と呼ばれる形式です。

下地窓は、壁を塗り残すことによって自然に生じる窓で、民家などに古くからみられる素朴な形式です。民家のそれは、「窓」というよりは「穴」といった方が適当かも知れません。

「塗さし窓」「塗残し窓」などとも称される下地窓は、位置や形、大きさを自由に決めることができるので、室内の微妙な明暗を効果的に演出するのに適しています。

日本建築の開口部の主流は建具でしたが、建築空間における明暗に対する細やかな感覚は、茶室の創成過程において鋭く研ぎ澄まされていきました。窓によって空間性が既定される建築があらわれるに至ります。

下地窓の素朴な意匠は草庵茶室にふさわしいものであり、田舎屋の塗さし窓に風情を感じる心情が連綿と継承され、洗練されていきます。

この窓の形式が茶室に導入されたことについて、『南方録』は次のように伝えています。

風炉先窓に塗さしを明しは休（利休）の物好也、田舎にて誠の塗さしを見て、数寄屋に用いられしと也、和泉・河内辺は壁下地よし（葭）多き所故、大方竹なしに、よしにて総つりをかく也、かつらの掛やう、間渡しの平竹一本角入様など、能々了簡すべし、口伝あり

これによれば、利休が風炉先窓に試みたのが最初であるということになります。

壁土を塗りつけるための壁下地は割竹が普通ですが、利休がヒントを得た和泉《いずみ》や河内《かわち》（いずれも大阪府）の辺りは葭《よし》が多い土地でした。それで、茶室では葭を葛で絡める形式が採用されたと推測されます。割竹では明きも少なく、目障りと感じられたからでしょう。葭を用いる方が軽快で風情に富むという点も見逃せません。

待庵の下地窓は、

脇ノ窓、壁下地ノ竹ヲ、其儘置テ、葭二本三本ヨリ多ハナシ（『茶湯秘抄』）

とあるように、皮付葭も三本までで、また下地に平竹を交ぜる古い手法を留めています。けれどこのような手法は一般には広まりませんでした。

下地の葭は川葭を用い、外側を竪、内側を横とし、一～五本を不揃いに配列して要所を藤蔓で掻きます。周端は蛤端《はまぐりば》に塗り廻しますが、平に塗り廻すこともあります。下地も葭だけでなく、矢竹や寒竹、煤竹などを交ぜて補強を図るとともに、風情を添えています。内側には敷鴨居を取り付けて障子を建てるか、掛障子

咄々斎の正面にあけられた大きな下地窓が、太い床柱を立てた床構えに調和している

とします。

壁を塗り残すことによって弱まる壁の強度を補強する意味で、外側に竹を添わせます。この竹を「力竹」といいますが、構造補強というより、むしろ壁面を適度に分割して軽快にみせる効果が大きいといえるでしょう。

下地窓の形について、細川三斎は、

利休カ時、初ハ横窓、後ニ竪窓ニアケ候由
（『細川三斎御伝授書』）

と伝えていますが、遺構や古図によっても竪横の寸法に大きな差はなく、

窓　竪横おほかた二寸違ひたるものなり
（『茶道旧聞録』）

とも伝えています。

葭の本数については、古田織部の茶書に、

葭の惣数ハ不定事也、竪横狭間ノ大サ不定、利休之代ニハ狭間ヲ細クカキ候也、古織ヨリ荒クカク也（『古田織部正殿聞書』）

と伝えられています。利休流が下地窓本来の素朴な姿を保っていたのに対し、織部は本数の変化にリズムをつけ、葭と葭との間を粗くしたのです。その方が軽快で瀟洒に見えるからです。

次に紹介する二つの建築に見られる下地窓は、採光というより室内意匠の焦点となるような役割を果たしています。

写真は、裏千家の咄々斎《とつとつさい》です。

咄々斎は、利休の二百五十年忌に際して稽古場としてつくられた八畳の座敷です。十一代玄々斎（一八一〇～七七）の時代のことで、数寄屋大工として知られる二代木村清兵衛の手によるものです。

正面に間口約七尺（約二一二cm）の床を構え、床脇には地板を敷き込んでいます。床柱には太い五葉松を立てています。床脇正面の壁にあけられた大きな下地窓が、無骨な床構えに良く調和しています。

天井は北山（杉）小丸太の格《ごう》天井です。格間に二枚ずつ松板を配し、板の継ぎ目に中継ぎ格子と呼ばれる桟を目違いに入れているところから、「一崩《いちくず》しの天井」と呼ばれています。

南と北に入側が設けられ、南の入側の東は利休堂に連なっています。また西側には大炉の間が続いています。

次頁の写真は、等持院《とうじいん》の茶室清漣亭《せいれんてい》です。芙蓉《ふよう》池を見下ろす小高い地面に南面して建つ、寄棟《よせむね》造り、茅葺きの小亭です。二方は腰障子建ての開放的な構成で、矩折《かねおり》に縁が廻っています。

等持院は足利家の廟所として洛西衣笠《きぬがさ》山麓に造立されました。開山は夢窓疎石《むそうそせき》と伝えられています。清漣亭は足利義政の好みとか、義政遺愛の席と伝えられていますが、それは当時衰微していた同寺を義政が復興したことによるものと思われます。

台目構えの中柱と袖壁を連想させる床脇壁の下地窓

内部は全体が横に長い四畳の広さで、右奥の一畳を上段とし、奥行の浅い踏込の板床を付しています。床の入隅は塗り廻し、楊枝柱を見せています。

上段の正面は中敷居窓で、上方に壁留めの檔《あて》丸太をアーチ状に入れています。床脇の壁には横竹を入れて下方を吹き抜き、その上に下地窓をあけています。下地窓は、外観には正面（南）左側の壁面に力竹を添えてあけられています。

上段の床の背後が点前座で、炉は向切。床の背後に位置するため風炉先窓はありませんが、勝手付に色紙窓をあけ、一重棚を吊っています。

上段と床を設け、点前座は台目に縮小されていますが、全体の間取りは『南方録』の伝える「長四畳古様」と共通しています。

連子窓―半宝庵／笑意軒

敷鴨居に白竹を打ち付け、内側に障子を引違い建てとした窓を連子窓《れんじまど》といいます。構造上あまり大きく開口できない下地窓と併用して、茶室に開放性を添えることができます。

草庵茶室の連子窓は、外側に白竹を三寸ほどの間隔に頭巻《かしらまき》の釘で打ち留め、中ほどに横貫《よこぬき》を内側に打ちます。貫は連子竹にさし通しとせず、釘打ちにもしません。つまり連子竹の内側に添えるだけで、これを「あふち貫」と呼んでいます。

連子竹の並べ方について、古田織部は次のようにいっています。

　窓ノ連子竹之事、節之所ハ不引切也、上下トモニ掘入ニハセズ打付也、窓ノ中程ニ横木ヲ打テ、是モ竹ヲ可打付、竹ノ節ヲ何レモ不揃程ニ打也、逆竹ニ打事不可有之、嫌也（『古田織部正殿聞書』）

竹の節を並べないこと、逆さに打たないこと、連子竹は必ず打ち付けとすべきことなど、草庵茶室では通例とされている手法が語られています。ただし「横木」＝貫を打ち付けにするというのは異例で、織部好みとされる燕庵《えんあん》でもこの手法はとられていません。

また、連子竹は打ち付けにするともいっていますが、待庵の躙口上の連子窓では、上は釘打ちに対して、下は掘込みになっています。掘込みは台格子《だいごうし》に用いられる手法です。台格子というのは、現在はあまり見かけられなくなりましたが、古くは薪炭業や酒屋、米屋などの店構えに用いられていた、木柄《きがら》の太い格子です。江戸時代に入って鉋《かんな》（台鉋）や縦挽きの鋸が一般に広まるとともに、木柄の繊細な千本格子（京格子）が普及するようになりました。待庵の連子窓が掘込みになっているのは、台格子の時代の痕跡を物語っているのかも知れません。民家の連子竹を上下とも掘込みにしていることがままあります。これも古い手法の名残なのでしょうか。

引違い建ての大きな躙口が半宝庵に寛ぎを与えている

連子の竹について、『茶事秘録』は次のような話を伝えています。

利休或人ノモトへ小庵（少庵─利休の子）ヲ連テ行シニ、窓ノカウシ（格子）ノ竹、所々打カヘタルヲ笑フテ新古トリマセテ、人ヲ面白カラセントスル事ハアシヽ、易（利休）ヘルトテモ僅カナル事ゾ、是ヲハ皆取易ヘタルカ面白シ、左ナクハ一本モカヘス、ソノ儘置クカヨシト云ヒシトナリ

連子の竹に新旧を取り交ぜて景色をつくるような小細工を、利休は評価しなかったというのです。

連子窓の外側には「窓毎ニ外ニ掛戸有之」（『古田織部正殿聞書』）とあるように、掛戸を設けるようになっています。それは、単に窓の保護のためというより、室内の微妙な明暗を調節するための装置として用い

られるのです。

「数寄屋のれんじ或ハ下地窓、時節により、簾替、戸を掛けはつし候ハいかゝに候や」という問いに対し、藪内竹心《やぶのうちちくしん》（藪内家五代）は、

すたれ・替戸のかけはつしハ、明り加減のためにて候、たとえは、すたれの垂《タレ》こめたる窓ハ打くもり、日のさし入たる窓はけやけくて、座敷のしまらさるは、明り晴陰による故なれは、明りのけやけからずくもらす、程よくかげんすへきために、すたれ・替戸をかけはつし候　（『源流茶話』）

と答えています。

前頁の写真は武者小路千家半宝庵《はんぽうあん》です。

五代一啜斎《いっせつさい》は天明八年（一七八八）の京都大火後に半宝庵を造立しましたが、嘉永七年（一八五四）にまた焼失しました。現在の半宝庵は、明治十四年（一八八一）に八代一指斎によって再興されたものです。

広間環翠園との境の柱から二間の長さの丸太桁で支えられ、竹垂木・竹木舞の化粧屋根裏が深く差し出されています。軒内の三和土《たたき》も広く、壁の下端には竹の壁留めを入れて、差石《さしいし》との間を少し透かしています。

躙口は板戸二枚を引違い建てとし、その上に右の柱に寄せて連子窓をあけています。

内部の間取りは四畳半桝床です。すなわち、全体四畳半の広さの一隅に半間四方の床を組み入れた平面構成で、床の続きの一畳が点前座になります。

床柱は赤松皮付。連子窓を床に寄せてあけ、墨跡窓はあけていません。

点前座には中柱を立て、床柱との間に袖壁を付け、蒲の落天井を張っています。点前座の入隅には棚を吊り、風炉先窓をあけています。風炉先窓は、床の中に低い下地窓となってあらわれています。

六つの円窓が高い小壁を軽快にみせている

「忘れ窓」は意図的な施工ミス

客座三畳の上は一面の網代《あじろ》天井で、茶道口と矩折に二枚襖の給仕口をあけています。

上段の写真は、桂離宮の庭園にある笑意軒です。池の西岸に古書院、中書院、新御殿が雁行状に連なっています。慶安二年（一六四九）、山荘に招かれた鹿苑寺《ろくおんじ》（金閣寺）の鳳林承章は「方々御茶屋五ヶ所これあり」（『隔蓂記《かくめいき》』）と、庭園に分散配置された五つの茶屋があったことを書き留めています。先にも少し述べましたが、それらは、月波楼、松琴亭、賞花亭、笑意軒と、現在は失われた竹林亭であろうと考えられ、今日の桂離宮はこのころには、ほぼ出来上がっていたようです。

笑意軒は池の西南端に位置し、切石を並べた船着き場を前にして建つ田舎屋風の茶屋です。

寄棟造りで茅葺きの主屋前面に、柿葺《こけら》きの庇《ひさし》を葺きおろして深い土間庇（土庇）が形成されています。「口の間」入口上の小壁の意匠には工夫を凝らし、釣束《つりづか》を中心にして左右に三個ずつ、円形の下地窓を並べています。

「次の間」には正面側に竃土《くど》が設けられており、大きな連子窓があいています。連子窓の上の高い位置にある下地窓（下段写真）を「忘れ窓」といいます。下地の葭が二、三本外されていることから、このように呼ばれています。不完全なものを美とする貴族的な作意になる遊びの意匠といえるでしょう。

六畳の「二の間」窓下の腰には、ビロードを市松模様に斜めに切りはぎにし、その他を金箔貼りにしています。

「一の間」「中の間」「口の間」の襖絵は狩野尚信の作です。

突上窓―松琴亭

茶室の掛込天井（化粧屋根裏）に設けられる突上窓《つきあげまど》は、室内の採光や換気に有効に働くとともに、室内構成をより立体的に組み立てています。

突上形式の窓は、古代建築に見られるもっとも素朴な窓形式です。茶室に設けられる突上窓も基本的な構造は変わりがないものの、少し複雑になっています。

すなわち、一般的な構造は、中に垂木一本を挟んで垂木一小間《こま》（垂木と垂木の間隔）分を切り開き、枠を造り付けて油障子と突上戸を備えています。突上の竿は「鴨のはし」と呼ばれます。

障子を引き上げた状態の突上窓

突上窓の創始については諸説があり、

突上窓は北向道陳より始る。障子を掛け外しするは古風なり。近代は上へ障子を引く（『茶道旧聞録』）

つき上窓ハ、左海（堺）草部屋道設しそむる也（『利休居士伝書』）

あるいは、

小座敷ニツキ上ケ窓切リ初メ候事ハ、牧村カ書院ヨリ切リ候ヲ利休カ見テ、小座敷ニ切リ初メ候ト御語候（『細川三斎御伝授書』）

突揚ケハ道安好也、後ニ利休モ用ユ（『不白筆記』）

などと記され、北向道陳《きたむきどうちん》、草部屋道設《くさべやどうせつ》、利休、道安らが創始者であると伝えられていますが、確かなことは分かりません。

右の記事によれば、古い形式は障子を摺り上げでなく掛障子であったらしいことが知られます。

そして、

突上モ町ヤ（屋）ニテ明リモ取ベキ様ナク、屋根ヲキリ抜キ、明リヲ取タルヲ見テ、夫ヨリ利休広キ恰好ヲ極メテ数寄屋ニ付ヨシ御意ナリ（『細川三斎茶書』）

とも見えます。屋根面にあけられた開口部（天窓）を大和窓と呼んでおり、町家の仕様書に「上下ニ止リ入、障子開ニ到」とあって、その機構が分かります。茶室の突上窓も、古くからあった「大和窓」から思いつかれ、それを精巧に、かつ洗練させたのかも知れません。天窓は囲炉裏や竈の煙を出し、明りを採り入れるための窓であるところから、火・日のもと→日本→大和→大和窓、というわけです。

突上窓は天窓であるだけに、壁にあけられた窓より高い照度を得ることができます。このような照明効果に着目したのが小堀遠州です。

　遠州は大目の上に突上窓あり（『茶道旧聞録』）

と伝えられるように、遠州は突上窓を「大（台）目」すなわち点前座にあけるという作意を見せています。亭主を茶室という舞台における主役と見て、舞台上の主役を照らすスポットライトのような役割を突上窓に負わせたのです。遠州ならではの華やいだ演出といえるでしょう。

夜咄《よばなし》や暁《あかつき》の茶会では、突上窓を操作することによって、移ろいゆく空の景色を取り入れて風情を添えるべく、夜咄では、

　小座敷のつきあげもはりあけ、夕景色など見て興ある物なり（『茶道五度之書』）

また、朝茶のときには、

　突上げは、夜明けぬとても、よき程に開け置き、軈《やが》て夜明けたる時に、突上より白くみる。面白きものなり（『茶道旧聞録』）

と、それぞれ突上窓の働きが語られています。

茶室の窓は基本的に外の景色を眺める機能はもちません。だからこそ下地窓のような景色が用いられるの

連子窓の上に下地窓を重ねるのは遠州好みの手法である

ですが、織部は堀川屋敷三畳台目において、愛宕《あたご》山を見るために土間庇に突上窓をあけたと伝えられています。

また、表千家残月亭《ざんげつてい》は利休の聚楽《じゅらく》屋敷にあった色付九間《いろつけここのま》書院の写しとされます。残月亭という席名は、ここに来臨した秀吉が、上段前の化粧屋根裏にあけられた突上窓から残りの月を賞でたことに由来する、と伝えられています。

点前座に4つの窓が集中している

写真は、桂離宮の茶屋松琴亭の中にある茶室です。窓が全部で八つを数えるところから「八ツ窓囲《かこい》」と呼ばれることがあります。

回遊式の庭園には茶屋や腰掛が苑路に沿って配され、池の西岸、東北から西南の方向にかけて、古書院、中書院、新御殿が雁行状に連なっています。

桂山荘の本格的な造営が始まろうとする時期、智仁親王の身辺にあった重要な人物に小堀遠州の存在があります。

遠州はいうまでもなく将軍の茶の湯指南であり、幕府の作事（建築）奉行を務める、当時もっとも人気の高い茶匠でした。その茶風は利休流の「侘び」とは異なり、王朝的な美意識を加味して「きれいさび」と評される、繊細で華麗、かつ明晰な新しい茶の造形美を創造していました。

松琴亭の茶室が、「八ツ窓囲ト云、遠州好第一ノ所也」（『桂御別業之記』）とされることの当否はともかく、そこには典型的な遠州らしさが認められます。このような茶匠の好みや美意識を背景として、山荘全体がすぐれた造形として結実しているのです。

松琴亭は池を挟んで古書院に相対した東方の池畔に位置しています。茅葺き入母屋造りの主屋が西北に正面を向け、東面南寄りに柿葺きの茶室、背面に瓦葺きの水屋、勝手、膳組の間が付属しています。「一の間」の床の壁、また「一の間」と「二の間」室境の襖に張り付けられた白と藍色の加賀奉書の市松の図柄はよく知られるところです。

「二の間」の東に襖で接する茶室は、桂離宮における唯一の草庵茶室です。三畳台目で、躙口から一番奥に台目構えの点前座があり、全部で八つの窓のうち、色紙窓（上下二つ）、風炉先窓、突上窓の四つが点前座に集中しています。躙口の上に連子窓と下地窓を重ねた構成とともに、遠州らしい手法が認められます。
窓の向こうに見える石橋を渡り、躙口に向かって左に降りたところに、池に注ぐ流れが蹲踞の働きをするよう工夫された「流れ手水」を見ることができます。

色紙窓・風炉先窓――燕庵

古田織部の茶室の特色として、多窓への傾斜が顕著であることがあげられます。一つの窓を集中させることによって、その中核的な役割を果たしているのが色紙窓です。

色紙窓、上下に色紙をはりたる様に拵たる物也（『当流茶之湯評林大成』）

とあるように、連子窓と下地窓とを中心軸をずらして上下に重ねてあけたもので、日本の伝統的な図柄である「色紙散らし」に似ているところからの命名とされています。創始者とされる織部は、どのような意図があって色紙窓を創案したのでしょうか。織部は次のようにいっています。

数寄屋ノ窓ヲ多ク明ル心得之事、何レモ明リ可取トノ事也、色紙窓明ノ為斗ニ非ス、座敷ノ景ニ成故也、心ニ可有也（『古田織部正殿聞書』）

窓を数多くあけるのはむろん採光のためですが、色紙窓の場合はそれ以外に「座敷の景」のためであるといっているのです。

すなわち、室内に視覚的な景趣をつくる効果が意図されています。このような織部の姿勢は、下地窓の下地の葭に対する手法にみられる利休との違いにもあらわれているように思われます。すこし長くなりますが原文を引いてみましょう。

同下地窓之事、何モ寸ハ定有之、風炉先ノ窓、色紙等、葭ノ数ハ一二三四五本斗ナト竝テカク也、葭之物数ハ不定事也、竪横狭間之大サ不定、利休之代ニハ狭間ヲ細ニカキ候也、古織ヨリ荒クカク也、尤荒クスルヲ可用、葛藤ニテカク也、葭之中之節ヲ突貫カラナト丶云説有之、悪シ、其儘カクヘキ也（同前）

利休は下地窓の本来的なあり方に忠実に葭の間隔を狭くとり、葭の数も一～三本としていました。それに対し織部は葭の間隔を少し粗くとり、数も一～五本として変化を与え、窓自身のもつ室内意匠上の効果に積極的な姿勢をみせたのです。

色紙窓は点前座勝手付の壁面に配されることが多いのですが、必ずしも限定されているわけではありません。

点前座には風炉先にも窓があけられます。下地窓の形式の風炉先窓です。点前座道具畳の採光と換気のための窓です。畳より六、七寸上がった中柱の横竹あたりまでの低い位置にあける場合と、風炉先屏風の高さより上にあける場合がありますが、前者が多いようです。竹の戸当たりと付鴨居を取り付けて、障子を半開き程にします。障子を全部あけ切るようにはしません。風炉先窓が低い位置に設けられることが多いのは、点前座が客座に対して一段低いという座の空間特性を投影したものにほかなりません。『南方録』に、「風炉先に塗さしを明しは休（利休）の物好也」とあるのによれば、風炉先窓も利休が創始したことになります。

利休と風炉先窓については、『細川三斎御伝授書』が次のような話を伝えています。

風炉の向の窓に敷居鴨居・入候時は、利休懸障子に好替候。敷居・鴨居入候得は、客の方より窓の釣竹十文字に成、又風炉ひづミなどみへて置にくきとて一段嫌ひ候と被仰せ候

三斎が好んでいた風炉先窓の引障子を、利休が掛障子に取り替えたというのです。この逸話からも、通例の手法を打ち破ってまでも自らの追求する美を創造しようとする、あくなき利休の意欲が感じられます。

次頁の写真は京都藪内家の燕庵《えんあん》です。

藪内家初代剣仲《けんちゅう》は、大坂の陣に出征する義兄織部から一つの茶室を譲られたと伝えられています。茶室は燕庵と名付けられ、藪内家を代表する茶室として尊重されてきました。

二代真翁のとき、西本願寺門前の現在の地に移り屋敷を構えました。このとき茶室も移され、露地も忠実に再現されたとみられます。

元治元年（一八六四）の京都大火（どんどん焼け）に焼失したため、摂津有馬に建てられていた「写し」が移築されたのが現存する燕庵です。燕庵の写しは藪内流の相伝を受けたもののみが許され、写しは「本歌」に絶対に忠実であること、家元の本歌が失われたときは、写しのなかでもっとも古いものが寄進されるべきである、と定められていたのです。

東南隅の入り組んだ土間庇に面して躙口をあけ、内部は三畳台目。三畳の客座を中央に、点前座と相伴席を配しています。相伴席は二枚襖で客座と接しています。

相伴席を付設しているところに大きな特色があり、このような形式を特に燕庵形式と呼んでいます。相伴席は客座と一続きになっており、襖を建て外すことによって、座敷を広狭自在に伸縮させて使うことができ

るのです。織部は相伴席の付いた茶室をよく建てていました。

床と並びに設けられた茶道口の方立《ほうだて》には竹が使われています。運び点前のとき、建水が方立に当たるような気がするので丸味のある竹を立てたと伝えられています。床の墨跡窓は花入の釘を打った花明窓になっています。

点前座勝手付の壁面に色紙窓があけられています。また、点前座入隅の釣棚は雲雀棚《ひばり》と呼ばれています。上棚が長く、下棚を台目構えの袖壁の横木の上に載せ、両棚の間に束を立て、上棚の角を天井から竹で付け下げた構成の二重釣棚を雲雀棚といい、花明窓とともに織部の創案になるものです。色紙窓、そして雲雀棚によって典型的な織部風の点前座が形成されているのです。

勝手付の色紙窓、竹の方位は織部好みである

雲雀棚も織部好みである

利休なきあと、明朗で融通性に富んだ織部の茶法は同時代の世相にも適い、広汎な支持を受けました。利休が窓を極力少なくして、閉鎖性の強い、また精神性の深い求道的な空間の創出を目指したのに対し、織部は窓の多い開放的な茶室を好みました。その代表作が燕庵でした。

八窓席―曼殊院八窓席／露滴庵

八窓席《はっそうのせき》とか八窓庵と呼ばれる茶室がいくつか知られています。奈良国立博物館苑内にある八窓庵（含翠亭《がんすいてい》）、奈良興福院《こんぶいん》の八窓庵（札幌市円山公園内に移築）、曼殊院《まんしゅいん》の八窓席などです。桂離宮松琴亭の茶室も「八ツ窓囲」と呼ばれていました。なかには南禅寺金地院《こんちいん》の八窓席のように、実際には八窓ないにもかかわらず、「八」窓と呼ばれる茶室もあります。窓の数がそのまま席名となっていることが示すように、窓が多いことが特色であると意識されているのです。

そうした茶室のほとんどは古田織部、織田有楽、小堀遠州、あるいは金森宗和の好みと伝えられています。多窓であることは、利休のあとを受けて江戸時代の茶の湯の主流を占めた、武家茶人たちに共通する造形上の特質でした。

洛東妙法院の庭園内に「十三窓之御茶席」があったことが古図により知られます。平均すると一つの壁面に三つほどの窓があったことになる、この茶室の構成や雰囲気がどのようであったのかは気になるところですが、残念ながら立体的な構成を知ることはできません。
なお八窓は八識、すなわち物事を認識する八つの心—眼・耳・鼻・舌・身・意・末那《まな》・阿頼耶《あらや》をあらわすとされますが、これは後世に付会《ふかい》された説かと思われます。

写真は曼殊院の茶室八窓席です。

曼殊院は京都洛北一乗寺にあり、天台宗延暦寺に属する門跡寺院で、竹内《たけのうち》門跡とも称された名刹です。江戸時代初期の明暦二年（一六五六）に女院御所東北の地から現地に移り、桂宮二代智忠親王の弟で後水尾《ごみずのお》天皇の猶子良尚法親王の経営にかかる大書院（本堂）、小書院、茶室、庫裏《くり》などの建築が、移転前の構成をほぼ踏襲して今に遺されています。庫裏は近年修理工事を了《お》え、当初の姿に復元されました。

曼殊院の茶室には織部、遠州好みが認められる

小書院は、台目二畳の上段と床・付書院・違棚を備えた七畳の「黄昏《たそがれ》の間」を主室とし、八畳の次室「富士の間」が南に続いています。富士の間の西には置床・炉・洞庫を設けた二畳の室が襖を隔てて接しています。この小室は室町時代の殿中における「茶湯間《ちゃのゆのま》」、あるいは「茶立所《ちゃたてどころ》」と同じ性格をもつと考えられます。小書院に客があるときには、ここから座敷へ茶を点て出す方式がとられたのでしょう。

小書院の北に、片流れの柿葺き屋根を付け下ろした平三畳台目の茶室が建て添えられています。正面の連子窓の上に、さらに欄間窓のように下地窓を重ねているのは遠州の作風に共通します。席中の窓は突上窓のほかに壁面に七つで、計八窓を数えます。

小書院の屋根は、北側では庇とともに切り落とされて切妻造りとされ、そこへ水屋部分の屋根が寄棟造りで取り付き、水屋の東に茶室が付け下ろしになるという変化の多い構成を示しています。

小書院から水屋、さらに茶室へと順次屋根が低くなっているので、水屋や茶室は後年に付加されたようにもみえます。けれど平面の構成からは、当初からこうであったと考えられます。

茶室は柿葺きの屋根に深くおおわれ、差石《さしいし》に直に接した土壁に連子窓や下地窓、刀掛が配され、ひなびた佇まいをみせています。

躙口の正面に床があり、茶道口と給仕口が床脇の一つの壁面に並んでいます。床框は真塗りで、床天井を高く造っていることと共に貴族的な好尚があらわれています。

客座の壁面は半ばを小書院で塞がれているので、縦長の下地窓が躙口の方へ寄せてあけられています。化粧屋根裏の垂木は小丸太ですが、皮付丸太と磨《みがき》丸太を交ぜて変化を添えています。そして中央に突上窓があけられています。

床前の天井は蒲の平天井、躙口側は化粧屋根裏とし、中柱の通りで二分されています。平天井がそのまま点前座の上まで延び、点前座を落天井としないのは、織部や遠州の作風に通じる構えといえます。

中柱は桜の皮付で、ごくゆるやかな曲がりを示しています。桜は中柱としては珍しい材種であるといえるでしょう。

点前座の勝手付には色紙窓をあけ、風炉先には風炉先窓を配しています。袖壁の壁留めには横木を入れ、端正な台目構えが組み立てられています。

袖壁の入隅には二重棚が釣られています。上棚が長く、下棚は客座から見えないよう横木の上に預け、上下の間に雛束を立てた雲雀棚の形式です。こうした釣棚の形式は、袖壁の壁留めが竹でなく木であることと共に利休風ではありません。燕庵に見るように、織部的な点前座の構えであり、意匠であるといえます。

色紙窓や竹の方立に織部的な好みが認められる

写真は露滴庵《ろてきあん》です。尾道市の浄土寺にある茶室で、本堂左方の小高い地点に建っています。本堂と多宝塔はともに鎌倉時代の建築で、国宝に指定されています。露滴庵は、もと尾道の対岸にある向島の富豪富島家（天満《てんま》屋）にあったものが、文化十一年（一八一四）、五代三右衛門治兵衛によって浄土寺に移築されたと伝えられています。また、初め京都伏見城内にあって豊臣秀吉が愛用していた茶室が本願寺に移され、さらに富島家に移されたとも伝えられています。富島家は製塩業で財を成した浄土寺の檀家でした。

露滴庵の基本的な構成は、燕庵と共通する形式、すなわち三畳台目に相伴席を付設した燕庵形式を伝えています。所伝が正しく事実を伝えているとすれば、燕庵形式の中でもっとも古い遺構ということになります。けれど、富島家以前の伝来の経路が明らかでなく、また桃山時代の遺構と認められる古材も伝えられていないところから、富島家において造立されたものと考えられています。

入母屋造り、茅葺きの屋根の前方から躙口の方へ付け下ろしの庇（銅板葺き）を巡らし、また点前座を落天井とし、床の落掛上《おとしがけ》の廻縁《まわりぶち》下に竹を添えるなど、細部の構成や手法に燕庵と相違する点が認められます。

窓の数を確認しておきましょう。色紙窓、花明窓という織部の着想になるとされる窓以下、計八つを数えることができます。

窓尽くし──金地院八窓席／春草廬

独創的な工夫をさまざま試み、「数寄の巧者」といわれた織田有楽には、次に紹介する九窓亭（春草廬《しゅんそうろ》）があるように、多窓を好む傾向が強いということができます。それは、彼が茶室の設計にあたっては「客を苦しめる」要素を排除する姿勢をもっていたことに一因すると思われます。

その有楽に「七ツ窓」と称する茶室があったことを堀口捨己博士が紹介されています。そのうちの一つで西本願寺にあった二畳の茶室について、『懐蔵集《かいぞうしゅう》』は次のように記しています。

有楽好ミの由、二畳敷の囲にて、所々に窓仕上七所有。此所七窓と云て、名所の由申候。案ずるに、明り次第段々に窓も明候数寄も見へたり。是にて当世闇《くら》き囲悪き事をさとり給へり

明るい開放感のある茶室が幅広い支持を得ていたのです。

引き続いて、窓の数が多い茶室をご案内しましょう。

写真は金地院八窓席です。

「黒衣の宰相」ともいわれた南禅寺金地院《こんちいん》の崇伝《すうでん》（本光国師）は、近世における南禅寺の発展に貢献するとともに、塔頭金地院を彼の権威に相応しい結構に仕上げました。

この写真に金地院茶室の六窓すべてがあらわれている

金地院は、応永年間（一三九四～一四二八）、足利四代将軍義持の帰依を得て洛北鷹ヶ峰《たかがみね》に創立されていたのですが、慶長初年、崇伝によって南禅寺境内の現地に移されました。南禅寺は応仁の兵火にあい荒廃していましたが、慶長十年（一六〇五）に崇伝が住持となってようやく復興をみたのです。崇伝は家康の信任が厚く、仏寺行政ばかりでなく、外交文書の起草や政治的な活動にも携わりました。そうした特殊な社会的地位による奔走が、目覚ましい寺観の興隆を可能にしたのです。

それはまず桁行《けたゆき》十四間、梁行《はりゆき》十間の大方丈の規模と構成、特に上段奥の間の位高い構えと意匠に象徴されています。大方丈は徳川三代将軍家光の御成りを迎えて計画されたようですが、崇伝は、寛永十一年（一六三四）に予定されていた家光上洛の前年に没したため、金地院への御成りは実現しませんでした。

八窓席は小堀遠州の指図（設計）によってつくられました。崇伝の日記（寛永四年八月二十八日の条）に、数寄屋と鎖の間の指図と敷地の縄張り（計画）を依頼したことが記されています。しかし、遠州も多忙を極めていましたから、急には実現しなかったらしく、翌寛永五年（一六二八）、崇伝は督促《とくそく》の手紙を送っています。そして、ようやく四月頃に設計ができたようです。遠州による数寄屋と鎖の間の設計案を崇伝は非常に気に入り、さっそくその通りに具体化するよう命じています。

戦後行われた修理工事に際して、現在の茶室と書院には前身の建物があったらしいことがわかりました。したがって、遠州の設計は既設の建物を活用することを前提とした、いわば改造計画というべきものであったといえます。

内部は三畳台目で、床と点前座が並んで配置されています。茶室は書院と襖で接していますが、いったん縁に出、縁から躙口を入る方式です。遠州は書院に接続した茶室の場合、このような方式をよく試みていました。

躙口は床と向かい合った中央寄りにあけられています。躙口は普通隅にあけられるのですが、遠州は中央寄りにあけることを好みました。同じことは有楽や片桐石州も試みており、座敷の隅から入ることを嫌った武家の好みといえます。

躙口をこのように配置することによって、床の方に向かえば貴人座、下座に向かえば相伴席と、客の進み方を二分することができます。天井も、床の側が平天井、反対側が化粧屋根裏と、躙口の位置で境されています。

床と点前座を並べるのも遠州の好みで、赤松皮付の床柱に黒塗りの床框を取り合わせています。中柱は椿です。点前座入隅には雲雀棚を釣り、袖壁にも下地窓をあけています。このように、躙口の正面に床と点前座を並置するのは、点前座をも座敷飾りの列に加えようとする大名茶の性格をもつ構えであったといえるでしょう。

躙口の上には大きく下地窓があけられています。点前座背後の壁面にも柱間いっぱいに連子窓をあけ、またその下の低い位置にも連子窓をあけています。八窓席といわれていますが、床の墨跡窓、袖壁の下地窓をあわせても六窓しかありません。

春草盧では三つの壁面に窓が二つあいている

写真は春草盧《しゅんそうろ》です。

横浜の三溪園にある茶室春草盧は、宇治の三室戸《みむろど》寺金蔵院から三溪園に移築された客殿に付属していた茶室で、織田有楽の好みと伝えられ、九窓亭と呼ばれています。

三溪園に移築後、客殿は月華《げっか》殿《でん》と命名されました。茶室は月華殿と離して水屋を付加し、春草盧と名付けられました。月華殿はもと伏見城内にあり、諸大名伺候の控室にあてられていたと伝えられる建物で、元和六年

（一六二〇）、伏見城破却のとき、宇治の茶商上林三入《かんばやしさんにゅう》に与えられ、後年上林家から三室戸寺に寄付されたと伝えられています。

現在、春草廬は切妻造り、柿葺きで、南向きに建ち、東方の付属屋に接続しています。西側の妻は軒を深くさし出し、庇は付け下ろさないで、連子窓と下地窓を覆う大きい一枚戸を突き上げています。

内部は三畳台目。床と点前座が三畳の客座を隔てて配置されているため、南と北に入り組んだ土間庇を形成しています。その点前座側の土間庇に面して躙口をあけ、矩折になった風炉先の下地窓のある壁面に、二重の刀掛を釣っています。

躙口を入った斜め右奥に床を構え、床にはやや低い位置に墨跡窓をあけています。

中柱は杉丸太。入隅に雲雀棚を釣っていますが、釣竹を欠いています。勝手付の壁面には中敷居を通し、上に連子窓、下に下地窓をあけています。点前座には三つの窓があいていますが、まだ色紙窓の形式を整えるには至っていません。

このほか、床の隣、西側の壁面にも、それぞれ連子窓と下地窓をあけています。合計で九窓を数えることができます。

有楽窓・光琳窓―如庵／遼廓亭

有楽窓が下地窓とは異なる光と影の効果をもたらしている

茶室の登場以降、日本建築における窓の機能や意匠の及ぼす効果への意識が高まり、様々な工夫が重ねられています。

　初期の茶室、すなわち村田珠光や武野紹鷗の時代には窓はなく、縁に面した入口に建てた障子を通してのみ採光されていました。やがて利休の時代になり、縁が除去され、土壁で囲まれた閉鎖的な構造に進みます。そして、大きさや形、位置などを自由にあけることによって、その空間にとって最適な窓をデザインする手法が開発されました。立体的で妙味に富む採光の演出が可能になり、茶人たちは独創的な窓を創出します。それゆえ、茶室の窓のなかには、茶人の名前が付けられたものがいくつかあります。

如庵

　如庵は、織田有楽が晩年に隠棲した京都建仁寺塔頭正伝院《しょうでんいん》内に営んだ茶室で、その特異な空間構成のゆえに、「有楽囲」とか「筋違いの数寄屋」と呼ばれています。明治四十一年（一九〇八）、如庵は書院、露地とともに東京の三井家に引き取られ、次いで大磯（神奈川県）別邸に移築され、さらに昭和四十七年（一九七二）、岐阜犬山城下の有楽苑に移されて現在に至っています。正伝院にあったときは東向きでしたが、現在は南面しています。

正面左端に袖壁を設けて土間庇をつくり、躙口は土間庇に面してあけられています。手水鉢《ちょうずばち》は海石《かいせき》で、「釜山海《ふざんかい》」の銘が彫られています。加藤清正が朝鮮から持ち帰り、秀吉から有楽に与えられたものと伝えられています。内部は二畳半台目。床脇に三角形の地板（鱗板《うろこ》）を敷き込み、斜めの壁面をつくることによって、茶道口からの亭主の動きが円滑になり、茶道口は給仕口を兼ねる働きが可能になっています。炉は向切で、洞庫を備えています。点前座の構成は、炉の出隅に中柱を立て、風炉先の壁面いっぱいに板を嵌めて火灯（花頭）形に刳り抜くという、異色な構えをみせています。腰張には古暦を用いており、侘びた景色が強調されています。

点前座勝手付にある二つの連子窓は有楽窓と呼ばれています。「竹詰打」「竹ナラへ（並べ）打」などといわれるように、竹が外側から隙間なく打ち並べられています。現在は紫竹と白竹の打ち交ぜになっていますが、古図には「連子紫竹太サ五分打」とあって、当初は紫竹だけであったことが分かります。

連子の竹の節間からこぼれる僅かな光が障子に竪縞の影模様を描き、隙間から洩れる外光が織りなす微妙な明暗の効果に、有楽の非凡な独創性を見ることができます。竹を詰め打ちにした窓は、洛中洛外図屏風をはじめ各種の風俗図に描かれています。現在も町家などに見られます。有楽はそれらに着想を得、材料を選び、洗練された手法によってこの窓を創出したのではないでしょうか。

この窓を見た利休の孫宗旦が、連子が紫竹であったことを指摘して、「上の方小窓にて、さのみ目にかゝるほとの事にてはなけれとも」「これは数寄に入り申さぬ事」（『松風雑話』）と語ったといわれています。有楽が利休流でないことを嫌い、利休流でない手法を異端とした宗旦の姿勢を伝えています。

遼廓亭

「御室《おむろ》」と呼ばれる仁和寺は、平安時代初めの仁和年間（八八五〜九）に創建されました。創建以来しばしば火災にあい伽藍は荒廃していましたが、江戸時代に入り大々的に復興されました。金堂や御影堂、宸殿などは慶長造営の御所の建物（紫宸殿《ししんでん》、清涼殿《せいりょうでん》、常御所など）が移し建てられ、仁王門や五重塔なども造立されました。宸殿を中心とする本坊の諸建築の大半は明治二十年（一八八七）の火災で失われましたが、寛永再興の諸堂のほとんどが現存しています。また本坊庭園内には、光格天皇遺愛と伝えられる茶屋飛涛亭《ひとうてい》や、尾形光琳好みと伝えられる遼廓亭《りょうかくてい》が配されています。

宸殿西北方の庭間にある遼廓亭は、陶芸家尾形乾山の住居「習静堂」の一部で、兄の画家光琳の好み（設計）になります。もとは天保年間末まで仁和寺門前にあった住居から寺内に移したと伝えられる瀟洒な建物です。「座敷、鎖の間、数寄屋」から成る習静堂の主屋は、現遼廓亭とほぼ一致します。新町二条の自身の屋敷に遼廓亭とよく似た茶室を好み設けていた光琳が、弟のためにその住居を設計したものと思われます。

屋根は柿葺き、寄棟造り。軒は深く、四畳半の主室の二方には、床高がきわめて低い木口《こぐち》縁が廻っています。主室に四畳半の次の間が少しずれて接し、如庵写しの茶室と付属室が付設されています。

主室の北側に床（間口四尺）と棚が並んで設けられています。床は押板風で奥行は浅く、地板敷きの蹴込

格狭間型の光琳窓

方形の光琳窓

床ですが、莇壁《すさかべ》で、入隅を塗り廻しています。次の間との室境には敷鴨居を入れず、細い丸太を一本通して板欄間を入れています。二室がずれることによって生じた、細長い壁面の下方には障子を嵌め込んでいます。次の間には水屋が設けられ、水屋棚の前は嵌め外しの中敷居を入れ、障子を建てています。

次の間と茶道口を接して、如庵を写した茶室が付いています。入口の土間袖壁にあけられた下地窓を「光琳窓」（写真右）と称しています。

本歌（写しの手本となった茶室）である如庵では円窓であったのが、ここでは方形となり、また下地の葭が丸竹になっています。遼廓亭では点前座の茶道口が火灯口（如庵は方立口）になっており、風炉先には本歌と同じ火灯形があって円形が繰り返されています。そこで入口の袖壁には円形の反復を避けて方形が選ばれたのかも知れません。

遼廓亭には実はもう一つ光琳窓と呼ばれている窓があります。南側の控えの間にある格狭間《こうざま》形の下地窓（写真左）がそれで、下地には細い割竹が用いられています。

ここは仁和寺への移築後に改修された部分なので、当初からの形状を保っているかどうかは確かではありません。けれど、袖壁の方形の下地窓よりもむしろこの方に繊細、優美な印象を受けます。光琳風といわれる華麗な画風で知られた光琳らしい気風を漂わせているように感じられるのです。

吉野窓・円窓床―遺芳庵／時雨亭／傘亭

吉野窓

洛東高台寺は、豊臣秀吉夫人北政所（ねね）によって亡夫の菩提を弔うため創建されました。再三の火災により主な建築は失われましたが、表門、開山堂、霊屋《たまや》など、創建時の建築もいまに伝えられています。

開山堂東方の小高い地点に位置する霊屋には、秀吉と北政所が祀られています。金蒔絵で美しく飾られた須弥壇《しゆみだん》や厨子《ずし》は「高台寺蒔絵」として世に名高く、桃山美術工芸の粋をみることができます。

開山堂の西方には、灰屋（佐野）紹益とその妻吉野太夫の好みと伝えられる鬼瓦席《おにがわらのせき》と遺芳庵《いほうあん》がつつましやかに建っています。

遺芳庵は吉野を偲んで紹益が建てたと伝えられ、客座の壁面を占める大きな円窓（次頁写真）による特異な意匠によって知られています。宝形造り、茅葺きの控え目な外観で、内部は床のない一畳台目という、侘びた性格の茶室です。大正の初め頃に当寺に移築されました。

名妓吉野太夫の好みを伝えるという大円窓

円窓の両脇には少し小壁をみるだけなので、障子は引き分けに一尺ほどしか開きません。下地窓の形式ですが、葭の間隔は疎《まば》らで開放的であり、瀟洒で女性的な雰囲気をつくり出しています。この窓はとくに吉野窓と呼ばれ、茶室も「吉野窓の席」と呼ぶ方が通りがよいようです。

堀口捨己博士は、このような大円窓をもった茶室が遺芳庵より先に試みられていたことを明らかにされています。それは大坂建国寺に有楽が好んだ三畳台目の茶室で、戸のない水屋洞庫と大きな円窓をもっているのが特色でした。大きな円窓を一般に吉野窓と呼んでいますが、あるいは類のない珍しい試みで知られる有楽の創案になるものであったのかも知れません。

円窓床

高台寺には、伏見城から移されたという二つの茶屋があります。霊屋東方のさらに小高い地点に建つ時雨《しぐれ》亭《てい》と傘亭《からかさてい》がそれです。時雨亭には床が設けられ、床正面の大平壁《おおべら》に円窓があけられています。このような床構えを「円窓床」と呼んでいます。

円窓は「円相」、すなわち禅でいう三千世界を表象するものとされ、宗教性を帯びた形象として、曹洞宗や、臨済宗の一派である黄檗《おうばく》宗の仏堂の壁面を飾っています。鎌倉時代に伝来した禅宗建築を特徴づける窓に火灯窓があり、花頭窓、架燈窓などの字があてられます。それは上部が繰形をなす曲線からなる窓です。円窓は、火灯窓の大胆な抽象図形としてとらえることができるのかも知れません。

直線的な線と面とによって構成される建築にあって、円窓は際だった意匠効果をもちます。このような円窓を、座敷の中心的な施設である床のなかにあけ、風流な興趣を座敷に導入しているのが円窓床です。床の中の円窓は、床そのものを掛物のかわりとして鑑賞の対象とする趣向といえるでしょう。そうした実例を高台寺の茶屋にみることができます。

時雨亭

時雨亭（次頁写真）は、平屋の傘亭と吹き放しの土間廊下でつながれた二階建ての茶屋で、ともに豊臣秀吉が伏見城に営んでいたものが現地に移されたと伝えられています。時雨亭の名称は傘亭に因むものらしく、古くからの名ではないようです。もとは現在の傘亭にあてた「安閑窟《あんかんくつ》」という一つの呼称しかありませんでした。

二つの亭は、小堀遠州作と伝える吹き放しの土間廊下でつながれた珍しい外観を組み立てています。土間には方形の敷瓦や自然石、切石が取り交ぜられ、桂離宮御輿寄《おこしよせ》に通じる手法や感覚が認められます。

見晴らしのよい階上に、床と茶立所が設けられている

土間廊下に設けられた階段で二階に上がるようになっており、階下は勝手や台所に、また土間廊下は内露地として働くものと思われます。

傘亭が比較的閉鎖的であるのに対して、時雨亭は三方とも突上の建具によって大きく開放され、眺望を楽しむよう工夫されています。

内部は上下段に分かれており、下段に設けられた床の正面中央に円窓をあけています。吹き放しの二階の茶屋であるため、風で掛物が揺れるのを避け、掛物なしでもこの窓から外の風景を取り込もうという趣向によるものと思われます。

床の隣に竹の中柱を立て、竹を並べて袖壁をつくって茶立所を区切り、竈土を置いています。

> 境（堺）ノ辺ニハ、ワビ数奇トシテ、クドカマエバカリシテ持ツ人ヲヨシ、是ヲバ常翁（紹鷗）カマエトモ云也（『池永宗作茶書』）

と伝えられるように、竈土構えは侘数奇の形式とされ、このような茶屋では竈土構えの茶が行われていまし形式を伝える古い実例です。

た。秀吉は聚楽第にも竈土構えの茶屋をつくっていましたが、時雨亭、傘亭ともに炉を用いない竈土構えの

傘亭

竹垂木が傘のようにひらいているところから傘亭という

傘亭は時雨亭とともに伏見城から移されたと伝えられ、江戸時代の名所案内、例えば『都名所図会』（一七八〇年刊）に「傘亭は千利休が好む所なり」と記されているように、両亭とも利休作と伝えられていました。伏見城も高台寺も利休の死後につくられたものですが、利休と秀吉との茶の湯を通じた深い関係がそのような伝えを生んだものと思われます。

傘亭はもとは「安閑窟」と呼ばれていました。宝形造り、茅葺きで、内部に竹垂木、竹小舞の化粧屋根裏が放射状に展開する様が、「亭の天井丸くして、傘をひろげたるがごとし」（『都林泉名所図会』）というところから、「傘亭」とも呼ばれる

ようになりました。それに呼応して、二階建ての茶屋を「時雨亭」と呼ぶようになったのです。

内部は八畳大の一室。入口の踏込土間に面して一畳敷きの上段があり、上段の反対側の下屋部分に勝手があります。勝手は板敷きで、隅に長炉と二連の竈土が設けられ、勝手付に棚がつくられています。

後世の修理によって古趣が失われていますが、両亭は桃山時代の自由な茶屋の趣をよく伝えています。

第四章　遺構を訪ねて

玉林院—南明庵／蓑庵／霞床席

大徳寺の塔頭玉林院《ぎょくりんいん》は慶長三年（一五九八）、月岑《げつしん》宗印を開基として、名医として知られた曲直瀬《まなせ》正琳により創建されました。同院八世大龍和尚のとき、大坂の富豪鴻池了瑛《こうのいけりょうえい》は、山中鹿之助以来の先祖代々の位牌を祀る牌堂《はいどう》を本堂（方丈）の後方に建立しました。それが南明庵《なんめいあん》です。

南明庵の左右には茶室「蓑庵《さあん》」と「霞床席《かすみどこのせき》」が付属しています。蓑庵は草庵、霞床席は書院に相当し、全体が茶事の方式で法要ができるように考案された施設なのです。

了瑛は表千家七代如心斎に師事していました。そして如心斎は大龍和尚の禅の弟子でした。このような関係から、茶室や露地を併設した牌堂の計画は、如心斎の指導のもとで構想されたと考えられます。

一連の施設が完成したのは寛保二年（一七四二）四月のことです。竣工に際して作成された棟札に「本堂工匠　林重右衛門宗友」「数寄屋・鎖之間工匠　遠藤庄右衛門隆明」とあります。「本堂」は南明庵、「数寄屋」は蓑庵、「鎖之間」は霞床席を、それぞれ示しています。つまり、一連の施設は二人の大工の協働による成果なのです。

南明庵

南明庵は低い基壇の上に建っています。柿葺き、入母屋造りの妻を正面に向け、南面しています。三方に瓦葺きの庇がめぐり、基壇上面には禅宗建築らしく、瓦が四半《しはん》（敷石の目地を縁に対して四十五度にする）に敷き込まれています。全体は左右対称の仏堂らしいシルエットであり、妻には狐（木連《きづれ》）格子《こうし》、懸魚《げぎょ》を、棟には鬼瓦を飾り、また火灯（花頭）窓を配して仏堂風な性格が表現されています。

低い基壇の上に建つ南明庵

しかし、火灯窓は片側だけにしかあけられていません。庇を支える柱は六角で少し曲がりがあり、ハツリ目が施されています。縁も正面から右方にかけての二方にしかありません。屋根はわずかに起《むく》っています。仏堂ならば反《そ》り屋根とするのが通例です。

敷瓦は赤楽で、華やいだ景色を添えています。当初のものは樂家七代長入が焼き、以後代々樂家によって補修（補足）されてきました。庇の瓦は本瓦葺きに見えますが、蠟燭桟瓦《ろうそくさんがわら》と呼ばれる桟瓦の一種で、類例は多くありません。

このように、禅宗の仏堂としての外観や形式を保ちながら、堅さをやわらげる工夫が加えられています。

内部は六畳間と半間幅の板間からなり、六畳間の正面を仏間としています。縁が片側一面だけに略されていますが、身舎《もや》（六畳間）と庇（板間）から成る構えを保持しています。しかし、六畳間と板間との床面に段差はなく、建具もありません。両者を結界するのは無目《むめ》敷居（溝のない敷居）と内法《うちのり》の高さに架け渡された丸太（赤松皮付）だけなのです。天井は一続きに張られていますから、本来は身舎、庇という身分差を内包する空間も十分に一体感を保っているのです。このように一本の丸太によって身舎と庇の空間を分節するという象徴的な手法は、堂宮（寺や社）というより茶室的といえるでしょう。

牌堂である南明庵は、仏堂風な意匠を備えたなかにも、むしろ数寄屋造りを基調とした構えをみせ、左右に連なる茶室との調和が巧みに図られているのです。仏堂と数寄屋が異なる大工の手になりながら、建築的な落差を少しも感じさせないような技術の世界があったことを、南明庵は物語っています。

蓑庵

蓑庵は南明庵の西方に西向きに建っています。内部は三畳中板入り。すなわち二畳の客座と一畳の点前座の間に中板が入っています。中板は、炉を切ることができる一尺四寸（約四十二㎝）の幅をもつ板畳で、これによって客座と点前座との間に少しゆとりをもたらしているのです。

天井は平天井（床前）、落天井（点前座）、掛込天井（躙口側《にじりぐち》）で、いわゆる真・行・草という三段の構成が組み込まれています。しかし中柱（赤松皮付）は繊細でかなり強い彎曲を示しています。また、点前畳が丸一畳で炉が上げ台目切りとなり、中柱は三段の天井が重なり合う交点から外れて化粧屋根裏の竹垂木の途中に取り付いているため、構造的な役割は減じられています。そのため室内の構成はやや緊張感に欠けるの

客座と点前座の間に中板が配された蓑庵

ですが、逆に変化に富む構成や中柱の曲がりが目を楽しませ、寛いだ雰囲気をつくっています。

　このように草庵茶室としての緊張感は少し緩められていますが、それでも窓は少なく、利休の目指した求道的な雰囲気は損なわれていません。

　なお勝手の廊下の隅には、宗旦好みと伝えられる炮烙《ほうらく》棚の形式の仮置棚がつくり付けられています。

霞床席

　霞床席（写真次頁）は四畳半。間口一間の床と違棚を備え、壁は張付《はりつけ》壁で天井は一面の格天井《ごうてんじょう》という、書院としての構えを基本に組み立てられています。

　しかし柱は杉丸太を使い、書院造りの要素のなかに草庵的な手法が導入され、しかも巧みに融合されています。床框は塗框でなく、地板の下に煤竹の蹴込《けこみ》を入れるのも草庵風なあつかいです。

床の中の違棚を富士にたなびく霞に見立てる趣向－霞床席

床の壁は白張付として書院としての格調をみせています。その床の間口いっぱいに違棚が設けられ、床と違棚を一つの空間に共存させるという、自由かつ大胆な着想に基づく斬新な床構えがみられます。この形式は、床に富士山の絵を掛けると、違棚がたなびく霞に見立てられるという趣向によると伝えられています。

それぞれ約三尺三寸（約一〇〇cm）の長さの棚板は、左右の壁に支持されているだけで、大平壁《おおべら》との間は四寸ほどあいています。違棚の雛束《ひなづか》の間に嵌められた幕板の捻梅《ねじうめ》の透かしは、如心斎がよく好んだ図案です。

茶道口は二本襖の口ですが、客入口（腰障子の貴人口）に対して高さは低められています。

天井は格天井ですが長押は付けていません。その代わりに竹の付鴨居を取り付け、付鴨居より上方の小壁は土壁としています。この竹の付鴨居によって格天井のもつ格式はやわらげられています。点前座勝手付の壁面に相当する床前の付鴨居が他よりもっとも低く取り付けられているのは、点前座の落天井を暗示させる構えとみることができます。

伏見稲荷大社—御茶屋

寛永年間（一六二四〜四四）を中心とする京都の建築界は、安定した優美さを見せるという点において一つのピークを形成しました。

後水尾院《ごみずのお》を中心に、堂上《とうしょう》公家や上層町衆たちが親しい来往を重ねるなかで、瀟洒で軽快な数寄屋造りの建築が完成するのです。

後水尾院の周辺には、工芸の本阿弥光悦《ほんあみこうえつ》、絵画の俵屋宗達《たわらやそうたつ》、陶芸の野々村仁清《ののむらにんせい》、立花の池坊専好《いけのぼうせんこう》、建築の小堀遠州、茶人の千宗旦、宮廷人として八条宮智仁《としひと》・智忠《としただ》父子、近衛信尋《このえのぶひろ》、鳳林承章、一絲文守《いっし》といった当代一流の芸術家・文化人が互いに密度の濃い交流を展開、一級の文化サロンが形成されていました。

彼らのサロンの場となった数寄屋造りの建築は、馥郁《ふくいく》とした王朝美を象徴するものです。

数寄屋造り

室町時代中期には侘茶を示す言葉として「数寄」が用いられるようになり、茶の湯を行うところを「数寄屋」というようになります。永禄七年（一五六四）編述の『分類草人木』に「数寄座敷」と出てくるのが早い例ですが、「数寄屋」の語もこの頃みられます。

江戸幕府大棟梁平内家の木割伝書『匠明』に、

茶ノ湯之座敷ヲ数寄屋ト名付ク事ハ、右同比《ころ》堺ノ宗益（易）云始ル也

とあり、千利休が命名したと伝えられていますが、利休の時代には、茶室は「茶湯座敷」とか「小座敷」、あるいは単に「座敷」などと呼ばれることが普通でした。

数寄屋という語は、桃山時代には茶の湯のための専用の室、または建物のことを指していましたが、江戸時代に入ると次第にその内容が拡大していく傾向を示すようになります。そして、茶室の建築手法を取り入れた座敷のことも数寄屋と称するようになり、その結果、住宅や料亭、また遊びのための庭園の茶屋のようなものまでが数寄屋と称されるようになりました。

数寄屋の内容の拡大はその質的な変化にもつながり、利休の確立した茶室の様式とは異質な方向に進む風潮も生じました。そのため、利休の曾孫江岑宗左は、

数寄屋と申事、ききにくしとて、小座敷と古より申候（『江岑夏書』）

と述べて、批判的な立場を明らかにしています。

江戸時代前期の茶書『茶譜』にも、

利休流ニ数寄屋ト云事無之、小座敷ト云

とみえます。

現在の建築史学界では、数寄屋造りを、書院造りのなかに茶室の意匠が取り入れられた建築であるとみる

とらえ方と、茶室との関係を重視せず、書院造りを真としたとき、その行体、あるいは草体の洗練された自由な形式とみるとらえ方が示されています。

つまり、書院造りのもつ格式的な建築表現を排除した建築である、ということができるでしょう。

利休の京都屋敷前を通りがかった武家茶人佐久間不干斎《ふかんさい》（正勝）が、その屋敷について

異風になく、けつこうになく、さすがてぎハよく、目にたゝぬ様よし（『遷林』）

と評したと伝えられています。「数寄屋造り」の本質が誠に的確にとらえられていると思います。

数寄屋造りの優れた遺構として、次に取り上げる伏見稲荷大社御茶屋のほかに、曼殊院書院、桂・修学院両山荘の建築、西本願寺黒書院、妙法院書院、水無瀬《みなせ》神宮灯心亭《とうしんてい》、恵観山荘《えかんさんそう》（止観亭《しかんてい》）などがあります。

伏見稲荷大社　御茶屋

伏見稲荷大社本殿の東南方に、社家荷田《かだ》延次が後水尾院から拝領したと伝えられる、「御茶屋」と呼ばれる建物があります。延次は慶長十一年（一六〇六）宮中に召出され、院の退位後も出仕し、寛永十三年（一六三六）には玄蕃頭《げんばのかみ》に任ぜられました。

この建物は、寛永十八年（一六四一）に、禁中の古御殿のなかから、御腋門《わきもん》とともに拝領したと伝えられ、『延次家伝』によれば、同年九月十五日に拝領の書院を社中に披露したとあります。

また、後水尾院時代の仙洞《せんとう》御所の遺構であるとも伝えられています。

寛永七年（一六三〇）十二月に完成した後水尾院の仙洞御所には、池の東岸に建つ「御茶屋」と呼ばれる建物があったことが知られています。上段と中段の二室を主座敷とし、二室には庭の眺望を得るために櫛形

数寄屋造りの意匠感覚で構成された「一の間」

窓（火灯窓）があけられ、上段には床と違棚が設けられていました。この建物が下賜され、境内に移築されたとも考えられます。ただし、間取りは変更されており、確かな事は分かりません。

寛永十三年九月十八日、仙洞御所において口切りの茶会が催されました。鹿苑寺《ろくおんじ》（金閣寺）の住職鳳林承章はその模様を次のように書いています。

御茶屋に於いて御茶有り、三種也。茶堂勧修寺中納言。御書院・御茶屋方々御飾、凡そ眼を驚かす者也。御書院の書院床・畳床・違棚の飾りの模様、池坊来り、之を飾る也

（『隔蓂記』）

「御茶屋」には床と違棚の飾りしか記されていません。一方、「御書院」の方は、床、違棚、書院床（付書院）を備えていました。

さて、伏見稲荷大社の御茶屋は「一の間」と「二の間」からなり、「一の間」の北側には広縁、

同じく「二の間」には縁座敷（入側《いりかわ》）が、そして二室の南側には半間の縁が付いています。

「一の間」は七畳敷。一間床と一間の付書院、違棚を備えています。違棚の細部（とくに筆返《ふでがえし》）には慶長頃の名残が感じられ、建築年代は元和か寛永も半ばを下がらない時期（一六一〇年代から二〇年代）かと推測されます。付書院の火灯縁の輪郭も、曼殊院小書院や本願寺黒書院のそれと比べると、幾分古調が認められます。

床は出床《でどこ》で、床脇に一畳が入り込み、その奥に違棚が設けられています。そしてその一畳の部分は天井が一段低い落天井となっているので、床脇は殿中の茶における茶立所《ちゃたてどころ》（茶湯間）のようにみえます。風炉先にあたる床脇が吹き抜かれ、違棚の棚板も低く取り付けられていて、実際そのように使うことを可能にしています。床柱や方立《ほうだて》に丸太が立てられたのも、そうした座敷の性格に合わせたのでしょう。真塗の床框と高く面をつけた丸太の床柱という、格調高い取り合わせの床構えです。

柱には角柱に面皮や丸太を混ぜ、長押《なげし》を打ち、釘隠《くぎかくし》が打たれています。室境の欄間は通例の筬《おさ》欄間でなく吹き寄せの菱格子とし、建具にも吹き寄せ舞良《まいら》の手法を導入して、書院造りの厳格さをやわらげ、数寄屋造りの穏やかなたたずまいに仕上げています。

数寄屋造りの構成手法で書院造りの格調をやわらげながら、茶立所を導入した座敷で茶の湯を楽しむというのは、とくに貴族の間で喜ばれた趣向でした。

水無瀬神宮―灯心亭

引き続いて、後水尾院と関わりの深い数寄空間の遺構をご紹介します。

水無瀬神宮（大阪府三島郡島本町）に灯心亭と呼ばれる茶屋があり、後水尾院の好みと伝えられています。水無瀬神宮のある辺りは、かつて後鳥羽院の水無瀬離宮のあったところといわれ、後鳥羽院崩御の後、離宮は水無瀬家に下賜されました。灯心亭は水無瀬家と親しい間柄であった後水尾院の茶屋を拝領したものと伝えられていますが、確かではありません。

灯心亭は寄棟《よせむね》造り、茅葺きの屋根に覆われた田舎屋風の外観で、どの方向から見ても整ったたたずまいを示しています。背面には独立した四本の柱（捨柱）が立ち、土間庇が形成されています。

近世の宮廷貴族たちには田舎屋風の茶屋や茶室を好み建てる傾向が認められます。それは「やつし」の美学、つまり本来の姿を隠して粗相な姿に身を変える境地を愉しむという趣向のあらわれといえます。それはまた、自然の中で暮らしていた遠い先祖の生活を、擬似的に追体験することに他ならなかったのです。

内部は、茶室、水屋、そして勝手から成っています。二方に畳縁（入側）が廻り、勝手の側面にも少し折れ曲がって付いています。このような平面構成は、身舎に庇を四周させた寝殿造りの構成の基本を踏襲しているとみることができ、貴族的な住宅の間取りの特性が示されています。（現在、西と南の縁先に丸柱が立

書院を基調としたなかに貴族らしい感覚が働いている

てられていますが、それらは阪神淡路大震災の後に補強材として添えられたものです。）

茶室は三畳台目で、正面には床と違棚が並んで配されています。床は蹴込床の形式で、奥行きが浅く押板風です。壁は違棚の三方だけが白の張付壁で、他は床の中まですべて土壁としています。違棚の精緻な工作は、座敷飾りへの意欲を示すものであり、後水尾院を始めとする貴族の数寄屋にみられる傾向でした。

座敷の正面に床と違棚を並べるのは、書院造りの座敷飾り装置の定型的な構成であるということができます。また床脇の中敷居窓を付書院（形式としては平書院）と見立てると、書院におけるすべての座敷飾りの装置を備えていることになります。

客座の天井は一面の格天井で、書院造りの格調を保っています。格縁は小丸太を吹き寄せにし、格間《ごうま》に葭《よし》、萩、木賊《とくさ》、蕨《わらび》、山吹、麻、寒竹など十一種に及ぶ材料が張り詰められており、それらの多くが灯心になるところから「灯心亭」と呼ばれているのです。給仕口は梅の曲木を枠に用い、その上方に付鴨居を入れています。給仕口と茶道口の用材として松、竹、梅を取り合わせるという趣向も、貴族的な遊びの感覚によるのでしょう。

給仕口と勝手口は矩折《かねおり》に配され、点前座は客座のほぼ中央に位置しています。これは古田織部あるいは小堀遠州が好んだ形式です。しかし、客座との間が無目敷居で一線を画されているのは、殿中の茶における「茶立所」を書院に付設した構えとみることもできます。天井は蒲の落天井で、炉の角に中柱を立て、袖壁を付けています。点前座背後の勝手には仮置棚が設けられています。

茶室二方の縁との境は腰障子で、腰板は低く押さえられています。その腰板には表裏両面に籐の水引飾りが付けられています。水引飾りの意匠は、修学院離宮の窮邃軒《きゅうすいけん》に掲げられた後水尾院宸筆の扁額にも見られるように、後水尾院好みの図案でした。この扁額の意匠は、「窮」「邃」の各文字を入れた八角形を二つ並べ、それらを水引で結ぶというものです。

恵観山荘—止観亭

止観亭は、一条昭良（恵観）が京都西賀茂の山荘に営んだ遺構で、昭和三十四年に鎌倉の宗徧流家元、山田宗囲氏邸に移築されました。恵観は後陽成天皇の第九子、つまり後水尾院の弟にあたります。

西賀茂の山荘には御殿と茶屋（止観亭）があったことが知られていますが、本書にたびたび登場する鹿苑

茅葺の屋根に桟瓦の庇を付した恵観山荘止観亭の田舎家風な外観

寺の鳳林承章は、正保三年（一六四六）十一月三日、この山荘に招かれました。そのときの様子は次のようなものでした。

まず「御書院」で対面し、「御数寄屋」で茶の湯と振舞（懐石）があったあと、舟で「御茶屋」に渡って薄茶と酒宴があり、発句を楽しみ、そのあとまた「御書院」で濃茶をいただいています。「御茶屋」が中世と同じように、酒宴や発句という文芸の場として使われていたことが知られます。

承章はまた明暦二年（一六五六）三月二十日にも恵観の山荘に招かれました。このときは「御構」（茶室）で茶の湯があり、そのあと「山上之御茶屋」で冷麺と酒のもてなしを受け、遠眼鏡で遠くの景色を楽しんでいます。そして山を下りて「御殿」で酒宴があり、濃茶を供されています。

現存する茶屋は、承章の訪れた正保三年までに造立されていたとみる可能性もありますが、山荘の古図などにより、二度目の摂関職を辞し恵観と号した慶安四（一六五一）、五年頃に落飾後の住居として御殿の南方に建て増されたと考えられています。

止観亭（前頁の写真）は茅葺き屋根に桟瓦の庇を付した田舎屋風な外観で、内部は中央に六畳、上手に長四畳、下手に三畳二間と四畳半が一列に並び、両側に縁座敷（畳縁、入側）が添っています。

主室は長四畳で、次の間の六畳より天井を低くし、正面に墨跡窓をあけた一間床を設けています。右端一畳を点前座とし、炉は台目切りで、落天井としています。床の右隣の壁面にあけられた下地窓は、通例とは位置も大きさも異なりますが、風炉先窓とみられます。

主室の襖の「月」字の引手、また次の間襖の「の」字の引手は、京極高広（丹後宮津城主）の娘の筆と伝えられています。桂離宮新御殿や曼殊院書院にも見られるように、襖の引手に意匠を凝らすのも貴族らしい好尚といえるでしょう。

六畳の次の三畳の間に、二段の袋棚と一重棚の二階棚がつくり付けられ、脇に大きい下地窓を配しています。袋棚には、藍色に雲形を染めた鳥の子紙張りの小襖が矩折に二面に建てられ、七宝入りの引手が付いています。この構成はとくに金森宗和の好みになると伝えられています。

四畳半には二段の袋棚が設けられていますが、その下方は長炉となっていて、引違いの板戸をあけると暖を取ることができるよう工夫されています。

修学院離宮

寛永六年（一六二九）十一月に譲位した後水尾院は、寛永末年頃から山荘経営に対して強い関心を深めていきます。同十八年夏、後水尾院から山荘の地を求められた鹿苑寺の鳳林承章は、衣笠《きぬがさ》山麓に風光の佳境を選び、物色してきた候補地の景色を絵師に描かせて院に呈上しています。しかし、この構想はそれ以上には進展しませんでした。

後水尾院は、修学院に離宮を造営する以前に、洛北の長谷《ながたに》、岩倉、幡枝《はたえだ》にも小規模な山荘を営んでいました。

長谷の山荘は山裾にあって、数室からなる御幸御殿を中心に、「上ノ御茶屋」「中ノ御茶屋」「北ノ御茶屋」と呼ばれる建物が、山間に数町ほどの距離をおいて点在していました。古図によると、三つの茶屋は、桂離宮の賞花亭がそうであるように、棚や竈土を備え、床の部分は一畳ないし二畳しかない小建築でした。それらは眺望の良いところに設けられた、休息のための峠の茶店のような施設であり、風流な遊宴や茶の湯、酒宴が催されることもありました。

岩倉の山荘は、皇女顕子内親王の山荘の中に設けられました。慶安元年（一六四八）二月二十二日、後水尾院の長谷御幸に随伴した鳳林承章は、その途次、岩倉の山荘に立ち寄っています。山上までの十余町の道中のところどころに「御茶屋」があり、杖に頼って山道を登った承章は、「山上之御茶屋、種々御飾道具、目を驚かす者也」と記しています。また山上の茶屋から方々の遠景を楽しんだことも書き留めています。

幡枝の山荘は深泥池《みどろがいけ》に近く、長谷・岩倉両山荘への途次に位置していました。ここにどのような施設があったのか明らかではありませんが、長谷・岩倉両山荘と同様に、山上と山麓に茶屋や観月のための施設があったようです。とりわけ「寿月観《じゅげつかん》」と名付けられた建物があったことが注目されます。いうまでもなく、「寿月観」とは修学院離宮の下の茶屋の書院の軒号であり、ここにその名が早くも用意されていたことが知られます。なお、幡枝の山荘のあとに、延宝七年（一六七九）、霊元天皇の乳母円光院文英によって一寺が創立されました。比叡山を借景とする庭園で名高い円通寺です。

洛北の三つの山荘は、いずれも起伏に富んだ自然の地形を生かし、山上と山麓につくられた施設が一体となって全体を構成していたところに特徴がありました。それは、やがて大池を築き、上の茶屋と下の茶屋という雄大な形で現出される修学院離宮の構想への、いわば習作ないし原形というべきものでした。

修学院は叡山三千坊の一つ修学寺（修学院）のあったところで、同寺はその後元弘・建武の動乱期に廃絶し、地名だけが残っていました。この修学院の地に、後水尾院とおよつ後寮人との間に生まれた薄幸の第一皇女梅宮（文智尼公）が二十二歳で剃髪し、円照寺という草庵を営んでいました。

承応四年（一六五五）三月十三日、後水尾院は長谷御幸の途中修学院に立ち寄り、円照寺の梅宮と朝粥を共にしています。史料上はこれが後水尾院と修学院とが結びつく、最初の出来事です。このとき円照寺とほど遠からぬところに「隣雲亭《りんうんてい》」という建物のあったことが記録されています。隣雲亭が、現修学院離宮の浴龍池を臨む築山《つきやま》の頂上にあって、上の茶屋の中心をなす建物の亭名であることを思い合わせるとき、後水尾院はすでに修学院を理想の山荘経営の地と決していたと推測されます。

後水尾院自らが並々ならぬ情熱をもって創意工夫を発揮し、雛形（模型）をつくりながら修学院山荘の造営にあたっていた様子を、後に近衛家熙《いえひろ》（予楽院《よらくいん》）が『槐記《かいき》』に詳しく伝えています。

修学院では大池をつくるための堤防建設という大土木工事を伴うため、造営はかなり長期にわたりましたが、上・下の茶屋からなる山荘は万治二年（一六五九）春には一応の完成をみていたようです。修学院での振舞に招かれた鳳林承章は、「御庭の滝風景、凡そ眼を驚かす」「二階の御亭・臨月（雲カ）亭・寿月観所々御飾、目を驚かす者也」と記しています。

修学院の「新八景之詩」の撰者となったり、植栽する樹木や寒竹の選定にも忙しく働いていた承章が、修学院離宮の全容に接したのは寛文元年（一六六一）八月十五日、満月の夜を期しての披露の振舞においてでした。

隣雲亭からは大きな眺望が開く

承章は、「名月ヲ千世ノ秋マテミ池哉」の発句とともに、「御池・御茶屋の躰、存外之風景、凡そ眼を驚かす」と、その感動を書き留めています。
寛文四年十二月には、後水尾院が好みの焼物（修学院焼）を焼かせる窯も開かれ、焼き上がった作品の展示会が「止々台之御茶屋」

浴龍池に浮ぶ二つの島を結ぶ屋根付の千歳橹

で催されたりもしました。止々台は上の御茶屋にあった止々斎《ししさい》のことですが、現存しません。

上の茶屋には大堰堤《えんてい》を築いて浴龍池と呼ばれる大池がつくられましたが、その規模の大きさは日本庭園史上ほかに類例がありません。修学院での遊宴といえば、御殿や茶屋の見学、詩歌の会、食事と茶の湯の振舞、そして浴龍池での舟遊びでした。舟遊びは茶屋での遊宴における伝統的な貴族の好尚であり、舟と池とは非日常的な遊びの世界に浸るために欠かせない装置でした。後水尾院は、かつて嵯峨天皇が譲位後の後院として営んだ離宮嵯峨院（没後、大覚寺となる）の、上嵯峨の山々を背に大沢池が横たわるという景観を、修学院に現出させることを構想していたといわれています。

現在の修学院離宮は、隣雲亭（一二六頁）・窮邃軒などのある上の茶屋と、寿月観のある下の茶屋、そして中の茶屋からなっています。

中の茶屋は、第八皇女朱宮の山荘内に創立された林丘寺の旧地にあたります。寛文七、八年ごろ楽只軒《らくしけん》が造営され、東福門院の旧殿の一部が寄付されて客殿とされました。

客殿一の間（写真左）にある違棚は「霞棚」の名があり、桂離宮新御殿、醍醐三宝院のものと並んで天下

中の御茶屋客殿一の間の華麗な違棚

の三棚の一つに数えられています。その華やいだ意匠性は、寛永の宮殿文化を代表する女性好みの感覚にあふれています。

桂離宮

桂離宮（桂山荘）は八条宮智仁親王によって創立され、二代智忠親王によってほぼ現在の形に整えられました。池の西岸、東北から西南の方向にかけて古書院、中書院、新御殿が雁行状に連なっていますが、以前に少し触れたように、それらは同時に造営されたのではなく、順次建て継がれ、巧妙に一体化されたものです。

また、近年のいわゆる昭和大修理によっても、古書院以下新御殿まで、他所から移築された建物ではなく、現地において段階的に新造、増築

ゆったりとした新御殿の入側

を重ねたものであることが明らかにされています。

嵯峨の周辺はいまも材木屋や製材屋が多いところです。それは、筏に組んで桂川（保津《ほづ》川、大堰《おおい》川とも呼ばれる）を運ばれる丹波や北山の材木が嵯峨で陸揚げされていたからです。山荘の対岸にも筏浜がありました。山荘の建築はそのような材木を主として組み立てられました。

さて、初代智仁親王は細川三斎から古今伝授《こきんでんじゅ》を受けた事績で知られるように古典に造詣が深く、当時の宮廷文化人を代表する教養の人でした。後に後水尾院に古今伝授を伝え、また茶の湯に親しみ、さまざまな造形に対する才能にも恵まれていました。王朝文化を復興した後水尾院とともに、寛永文化を代表する人物といわれます。二代智忠親王も、「寛永のころにや、八条宮智忠親王とてやんごとなき宮いまそかりけり、御かたちをはじめ、御心ばへやさしく、さすがに人間のたねならずと見えさせ給ひける」（『にぎはひ草』）などと評された、すぐれた資質の持主でした。

京都西郊桂の里は、平安朝以来、宮廷人の逍遥《しょうよう》の地であり、月の名所として知られています。その下桂村が慶長末年ごろ八条宮家領として知行され、付近にはほかにも知行所があったこともあって、智仁親王はこのあたりをしばしば訪れ、川遊びや瓜の賞味などを楽しんでいました。

桂の山荘のことが記録に見え始めるのは、智仁親王の兄後陽成院の女御（中和門院《ちゅうかもんいん》、後水尾院の生母）の一行を迎えた元和二年（一六一六）頃からです。元和四年頃には「瓜畠のかろき茶屋」が営まれており、近衛信尋以下の諸公卿が招かれています。この「かろき茶屋」こそ桂山荘の原形でした。「かろ（軽）き」という表現は、山荘の性格および造形の基調をよく表わしているように思われるのです。

さて、その後も建築と庭園の工事が進められ、元和六年（一六二〇）には「女御入内、下桂茶屋の普請する、度々客あり」（『智仁親王御年暦』）と記されるように、山荘は次第に充実したものに成長していきました。

寛永元年（一六二四）に山荘を訪れた相国寺の昕叔顕晫《きんしゅくけんたく》が、「庭中山を築き、池を穿ち、池中に船有り、橋有り、亭有り、亭に上りて四面の山を見れば天下の絶景なり」（『鹿苑日録』）と賞賛しています。また翌二年には、同じく山荘を訪れた南禅寺の金地院崇伝が『蘭亭序』にならって著した『桂亭記』に述べられているように、現在の古書院を中心として、桂川から水を引いて池や中島、築山がつくられ、その周辺には橋や庭間の建築がつくられるまでに発展していました。

桂山荘の本格的な造営が始まろうとしていた時期、智仁親王の周辺にいた重要な人物として小堀遠州の存在があります。遠州の茶風は利休流の「侘び」とは異なり、王朝風な美意識による「綺麗寂び」といわれる

古書院からは池庭に向って月見台が張り出している

繊細で華麗、かつ明晰な造形美を創造していました。このような遠州の好みや美意識を背景として、山荘全体がすぐれた造形として結実しているのです。

寛永六年（一六二九）に智仁親王が五十一歳で亡くなった後は、桂山荘は補修もされず荒れるにまかせていましたが、病気がちで若年でもあった智忠親王の病気も回復してきた寛永末年頃からは、徳川幕府による財政的援助もあって、補修、再営工事が始められました。

智忠親王と加賀藩主前田利常の長女富姫《ふうひめ》との婚儀に先立って、寛永十八、九年頃中書院が増築され、囲炉裏の間で古書院と接続されました。門前の松並木などには加賀松が取り寄せられたと伝えられ、中書院の一の間、二の間、三の間では、探幽《たんゆう》、尚信《なおのぶ》、安信《やすのぶ》の狩野《かのう》三兄弟が襖絵を描いています。

その後も山荘の造営は続き、慶安二年（一六四九）頃にはほぼ一段落していたようです。この年五月晦日、山荘に招かれた鹿苑寺の鳳林承章は、智忠親王自らの点前で茶の湯のもてなしを受け、亭園内の五箇所の茶屋の一つひとつで酒宴を催し、歌舞を観覧しました。次いで「楼船」に乗って船中に酒を酌み、濃茶を楽しんでいます。新築なった御殿（中書院）と庭間建築の披露の宴遊であったと思われます。

中書院の奥に楽器の間を介して連なる新御殿は、後方に夫人の居室としてふさわしい諸室が付属しており、富姫のために、輿《こし》入れの後、造営されました。昭和大修理の際、反古として下貼りに用いられていた万治二年（一六五九）の文書が唐紙貼りの襖から発見されたことによって、その成立が寛文元年（一六六一）から二年頃と推定されています。

古書院から中書院をのぞむ

一の間には桂棚と呼ばれる棚を備えた上段があり、半丸太の長押が付き、引手や釘隠、手摺の飾り金具に意匠を凝らしています。古くから「御幸御殿」とも称されていたことが物語るように、新御殿は後水尾院の御幸を迎えるために第三期の造営として新造されたものです。

さきに鳳林承章が見た五つの茶屋は現存せず、現在は失われた竹林亭と現存する月波楼、松琴亭、賞花亭、笑意軒の四つの茶屋は、新御殿の造営とともに建て替えられたとみられていますが、現状の桂離宮の全容はほぼこの時期に整えられたと推定されています。

しかし、後水尾院の御幸を切望していた智忠親王は、新御殿の完成を待つかのように、寛文二年七月七日に亡くなりました。

第五章　露地の成り立ち

茶の湯は露地と呼ばれる庭と、建築（茶室）が一体となって始めて成り立ちます。

室町時代に流行をみた草庵文学は、都市生活者の間に隠遁《いんとん》生活に対する憧れを増幅させ、喧噪で猥雑な都市のただなかにある彼らの邸内に、深山幽谷の気を漂わす「山里」の境地をつくり出す契機となりました。寛正三年（一四六二）三月、四条大橋を架け替えたことで知られる富商、永安の住まいを訪ねた東福寺の僧太極によれば、その屋敷のたたずまいは次のようなものでした。

すなわち、身をそばだてて入らなければならないほど狭い門を入り、通路を通り抜けて良木、嘉木でつくられた小さな建物に導かれたというのです（『碧山日録』）。静寂な別天地への関門として、後の露地における中潜りのような装置があらわれていたことが注目されます。

『南方録』によると、村田珠光（一四二三〜一五〇二）の営んだ「山里」は、宝形造り、柿葺きの屋根に覆われていました。座敷は北向きの四畳半で、間口一間の床を備え、壁はすべて白い鳥の子紙の張付でした。そして座敷の前には「坪の内」があり、そこには大きな柳の木が一本だけ植えられており、塀の向こうに松原が見えていたそうです。

この建物は、基本的には書院造りという伝統的な客座敷の骨格から大きく逸脱したものではありません。しかしながら、新たに育ちつつあった美意識に基づく建築的環境が形成され始めていたことも、また確かなことでした。

珠光の「山里」の「坪の内」、すなわち庭のあり方をみてみましょう。

小さな建物の近くに大きな木を配するということは、ささやかな草庵を一層つつましいものに見せることになります。のちの「袖摺《そです》りの松」と称される、対比的な手法の先駆けとみることができます。また、四角な庭である「坪の内」にただ一本の木を植えることは、室町時代には作庭上の禁忌とされていました。「方円なる中心に樹あれば、そのいゑのあるじ常にくるしむことあるべし。方円の中に木は困の字なるゆへなり」(『作庭記』)という、いささかあやしげな理屈によるものではありましたが。それに対して、珠光の「坪の内」は旧弊な伝統の束縛から解き放たれた自由な精神に基づいて、新たな美的環境を創出しようとした試みであったといえるでしょう。

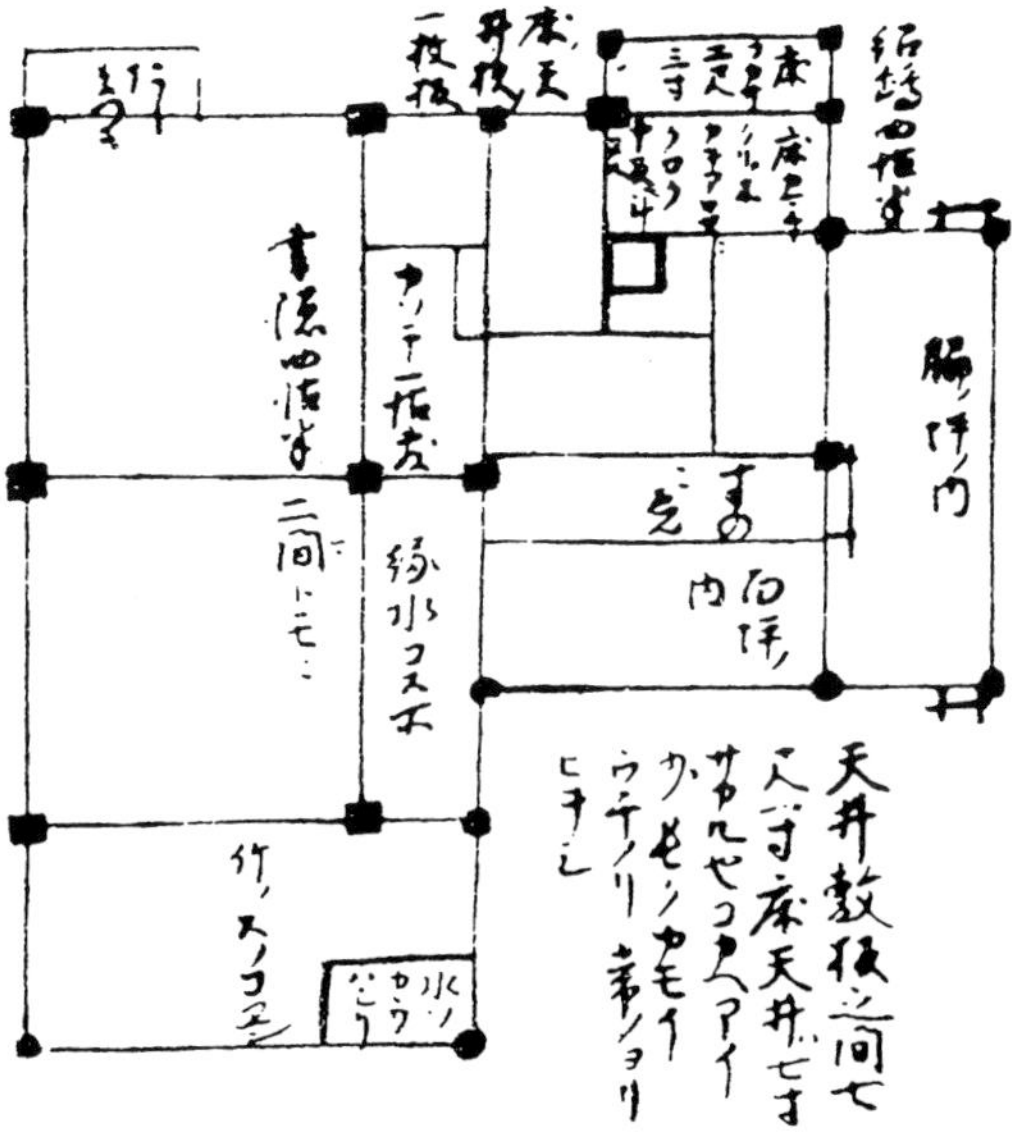

『山上宗二記』が伝える紹鷗四畳半

十六世紀前半、京都下京に屋敷を構えていた珠光の養嗣子村田宗珠は、「下京茶湯」という新しい「数寄」を四畳半や六畳の座敷で行い評判を得ていました。そのたたずまいは「山居之躰」であり、「市中之隠」であったと記録されています。宗珠のもとを訪れた連歌師宗長は、「宗珠さし入門に大なる松あり、杉あり、垣のうち清く、蔦落葉五葉六葉いろこきをみて」と書いています。

上図は武野紹鷗の堺の屋敷と思われる図です。座敷は縁の付いた四畳半で、「脇ノ坪ノ内」と「面《おもて》坪ノ内」がつくられていました。「面坪ノ内」は塀で区画され、塀の向こうには「見こしに松大小数多」かったと『山上宗二記』は伝えています。二つの坪の内はそれぞれ戸口を設けて区画されており、「脇ノ坪ノ内」は、南北端に入口らしい表示があるので、オモテの通りから座敷への通路（路地、路次）にあたるのでしょう。「露地ハ只　浮世ノ外ノ道ナルニ　心ノ塵ヲナトチラスラン」という利休の言葉が伝えられています。茶の湯の場は日常的な世界から隔離されなければならず、そのため専用の通路＝路地が用意されたのです。茶の湯の庭はやがて広がりをもつようになりますが、あくまで「道すがら」としての「路次」の役割が基本とされていました。

一方、北側縁先の「面坪ノ内」は、いわば光庭として機能しました。当時の茶座敷には窓はなく、縁からの出入口を兼ねる障子を通してのみ採光が可能でした。したがって縁にはある程度の明りと空気の溜り場が必要であり、また中立の時など、この「面坪ノ内」が客の緊張をやわらげるのに有効に働きました。その広さは、図の縮尺から、一間半に四尺ほどであったと推測されます。紹鷗時代の坪の内と塀の寸法については、「坪ノ内深サ縁柱ノツラヨリ壁迄四尺七寸、塀ノ高サ縁カマチノ上端ヨリ上棟マデ四尺七寸三分」（『石州大工方之書』）と伝えられており、およそ二坪を越えないのが基準とされていました。まさに「坪庭」です。

紹鷗の四畳半は、視覚的な閉鎖性を座敷だけでなく、「面坪ノ内」にも確立していました。茶室の庭において、景色を眺めることは意識的に抑制されていたのです。座敷の前に付いた縁は、中立《なかだち》の際の休息所としても使われましたから、客が中立で縁に座ったとき外が見えない程の高さが設定されました。茶湯に集中するために「客ニ目移らせぬ様」、茶室の前に景となるようなものは置かないこととされました。「草木不植候、石不立沙まかず、栗石ならべず」（『茶湯秘抄』）といわれるゆえんです。土壁に小石を混ぜ、打ち水に「石アラワレテコヒル」（『池永宗作茶書』）風情をよしとしていたのです。また「昔は堀庭と云て大石を二三程寄、間を深く堀たる也、別ニ目移る事ハ無之」（同前）といわれますが、このような石組は、蹲踞周辺の石組を思わせます。天文十九年（一五五〇）六月に新築された奈良の松屋順昭の屋敷の坪の内に、「上り少路観音堂ノ前ナル橋ノ石」が据えられたと記録されています。その庭は、恐らくこうした原理に従って作庭されたのでしょう。

紹鷗の例にみられるように、住居部分の横に細長い通路を設け、そこから茶室に向かうようになっていた状況を想定することができるでしょう。隣家との間に挟まれた細長い通路こそ「路地」であり、「脇ノ坪ノ内」は路地の一部を区切って日常生活空間との一境をなしたのです。そして「脇ノ坪ノ内」は、茶室と一体となって茶の湯の場を形成する茶庭＝露地に発展するのです。

土庇に向う待庵の延段

写真は妙喜庵待庵の露地です。延段《のべだん》による広がりのない構成は、露地の初期のあり方をよく伝えています。土庇《どびさし》の下に進入した飛石は、無駄のない歩行に重点を置いて据えられています。

利休に土間付四畳半の作例が伝えられて

茶室に向う飛石

います。その特徴は、第一に紹鷗以来の縁が消滅したことです。そして前面に壁で囲まれた土間が付き、一端に潜りが設けられています。土間から座敷への上がり口は二枚障子です。こうした構えは、紹鷗四畳半における「脇ノ坪ノ内」が座敷の前面に進出したものとみることができるでしょう。建物に格式を与える縁を除去したことにより、この茶座敷は建築的な造形において、完全に書院座敷と絶縁されたのです。

　縁は座敷の使い方からも重要な働きをしていました。縁は刀を置いたり、中立の休息の場とされました。このような縁を取り除くことは、露地に腰掛、刀掛を装置化させることになります。土間（坪ノ内）に土壁ができたために、窓をあけて採光が図られました。その壁には下地窓や連子窓という麁相《そそう》な形式が案出されました。さらに土間の壁を吹き放すと、それは土間庇（土庇）に発展します。その結果、潜りが座敷の入口に直接つくことになり、「躙口」という形式が生み出されました。また、土間庇は屋内と屋外の中間領域に属する空間であり、露地の飛石がそのなかに入り込み、躙口を接点として露地（庭）と茶室（建築）が一体となった茶の湯の場が形成されることになったのです。

通路であった路次に精神性が強調されるようになり、広がりと眺めの要素も加えられていきました。そして江戸時代中頃からは「露地」という文字が用いられるようになりました。

露地の、そして坪庭の景を構成する主要な装置は、飛石、灯籠、蹲踞です。

飛石の打ち方には慎重な目配りが肝要で、「飛石役に立たぬ処へは一つも据えぬものなり、模様にとて役に立たぬ石を据えるは悪し」(『茶道旧聞録』)といわれます。茶の湯に専心するためには余計な景物を極力排除すべきであるとした千利休に対して、古田織部は、視覚的な効果や豊かな景趣を導入して、「はなやか」で「うるわし」い茶の湯の場を構築する方向をめざしました。

この二人の志向する世界の相違は、

飛石は利休は渡を六ふん(分)景気四ふんに居へ申候よし、織部は渡を四分景気を六ふんにすへ申候

(『石州三百ケ条』)

という批評に端的に示されています。「渡」とは飛石の歩きよさといった機能性を、「景気」とは飛石の配置の美しさを、それぞれあらわしているのでしょう。織部は露地にも「景」を導入し、二重露地を推し進めるとともに、視覚的な効果や景趣を意図した石の並べ方、素材の組み合わせを工夫したのです。

露地の景ということを積極的に評価していた織部の工夫のなかで、特筆に値するのが織部灯籠です。社寺の装置であった石灯籠を露地に導入したのは利休であるとみられています。織部は、その灯籠を単なる照明の装置としてではなく、「火の影」の効果を利用するため、様式的な社寺灯籠でなく露地に適した灯籠を考案したのです。「灯篭直柱ノ本台石ノ有ハ悪シ、柱ノ本ヲ直ニ地掘り入テ吉、トウロ(灯籠)惣ノ高サ見合

能程也、低ク居《すえ》ルハ心持吉、高サハ不定、掘入地形ニシテ掘居エルベキ也」（『古田織部正殿聞書』）とあるように、基礎（台石）を省いて竿を直接地面に埋め込む形式のもので、足元を照らし、あるいは蹲踞に添えて風情ある景色を演出するのです。

あとがき

本書第一章は、一九九九年一月から一年間、近畿建築士会連合会の機関誌『ひろば』に連載した「歴史へのまなざし」の一部、第二章から第五章までは、一九九八年四月から二年間、大日本茶道学会の会誌『茶道の研究』に連載した「数寄なる世界を歩く―茶室のはなし―」が、それぞれもとになっています。前者は、歴史をひもとくことによって和風建築を再考する手がかりとする、という求めに応じたものでした。後者は、毎回二、三の茶室遺構をとりあげながら茶室の成立過程や背景を解説する、ふだんは町家や民家を調査研究の対象としていますが、ながく中村昌生先生の薫陶を受けてきたおかげで、「門前の小僧」として茶室についても多くのことを学び教わりました。いろいろと不十分な内容があるとすれば、それは私の学び方がまだまだ足りないからに他なりません。

二誌の連載を終えてしばらくして、淡交社の川口壽夫氏のお勧めがあり、坪倉宏行氏が一冊にまとめて下さいました。『ひろば』では連載を企画された建築家安達英俊氏、竹原義二氏、戸田和孝氏と編集担当の松永佳子氏に、『茶道の研究』では緒方余吏子氏に大変お世話になりました。また、上梓にあたり、田畑みなお氏の写真を多数使わせていただくことができたのも有り難いことでした。

二〇〇二年三月　　日向　進

著者略歴
日向　進（ひゅうが　すすむ）
1947年生まれ。京都工芸繊維大学大学院修士課程修了。
現在、京都工芸繊維大学教授。工学博士。
著書：『近世京都の町・町家・町家大工』(思文閣出版)、『窓のはなし』(鹿島出版会)、『茶道学大系六　茶室・露地』(共著、淡交社)、『社寺彫刻－立川流の建築装飾』(共著、淡交社)、『京都町触の研究』(共著、岩波書店)、『寛永文化のネットワーク』(共著、思文閣出版)、『民衆生活の日本史・木』(共著、思文閣出版)、『京都の歴史3　町衆の躍動』(共著、京都新聞社)

茶室に学ぶ　日本建築の粋

2002年5月13日　初版発行

著　者　　日向　進
発行者　　納屋嘉人
発行所　　株式会社　淡交社
本社　京都市北区堀川通鞍馬口上ル
営業　(075) 432-5151
編集　(075) 432-5161
支社　東京都新宿区市谷柳町39-1
営業　(03) 5269-7941
編集　(03) 5269-1691
http://tankosha.topica.ne.jp/
印　刷　　大日本印刷株式会社
製　本　　大日本製本紙工株式会社

ISBN4-473-01901-2